OEUVRES
DE
MOLIERE

ILLUSTRATIONS

PAR

MAURICE LELOIR *fils*

LE MALADE IMAGINAIRE

PARIS

CHEZ ÉMILE TESTARD, ÉDITEUR

18, RUE DE CONDÉ, 18

M DCCC XCVI

OEUVRES

DE

J.-B. P. DE MOLIÈRE

LE MALADE IMAGINAIRE

JUSTIFICATION DU TIRAGE

Il a été fait pour les Amateurs un tirage spécial sur papier de luxe à 550 exemplaires, numérotés à la presse.

		NUMÉROS
125 exemplaires	sur papier du Japon.	1 à 125
75 —	sur papier de Chine.	126 à 200
150 —	sur papier Vélin à la cuve.	201 à 350
200 —	sur papier Vergé de Hollande.	351 à 550

OEUVRES DE MOLIÈRE

ILLUSTRATIONS
PAR
MAURICE LELOIR

NOTICE
PAR
T. DE WYZEWA

LE MALADE IMAGINAIRE

PARIS
CHEZ ÉMILE TESTARD, ÉDITEUR
18, RUE DE CONDÉ, 18

M D CCC XCVI

NOTICE
SUR LE
MALADE IMAGINAIRE

E Registre de La Grange nous apprend que le *Malade Imaginaire* fut représenté pour la première fois le « vendredi 10ᵉ février » 1673, que la troupe du Palais-Royal le joua ensuite le « dimanche 12 », le « mardi 14ᵉ », et le « vendredi 17 ». Puis, après avoir marqué la recette de cette quatrième représentation, 1219 livres, le *Registre* ajoute, dans une note : « Ce même jour, après la comédie, sur les dix heures du soir, Monsieur de Molière mourut dans sa maison, rue de Richelieu, ayant joué le rôle dudit *Malade Imaginaire*, fort incommodé d'un rhume et fluxion sur la poitrine qui lui causait une grande toux, de sorte que dans les efforts qu'il fit pour cracher il se rompit une veine dans le corps, et ne vécut pas demi-heure ou trois quarts d'heure après ladite veine rompue. Son corps est enterré à Saint-Joseph, aide de la paroisse Saint-Eustache. »

Tout commentaire ne pourrait qu'affaiblir l'éloquence tragique de cette note, inscrite au bas d'un registre de caisse ; et du reste ce n'est pas le lieu d'insister ici sur les circonstances de la mort de Molière, non plus que sur le vide qu'elle a laissé dans notre poésie. Mais le souvenir de

a

cette mort s'est si profondément attaché à la comédie du *Malade Imaginaire* qu'elle en est désormais comme tout imprégnée, et qu'il nous est impossible de songer aux plaintes ridicules d'Argan, aux ruses de Toinette, et à la seringue de M. Fleurant sans qu'aussitôt surgisse devant nous l'image du malheureux Molière agonisant sur la scène.

Tout, dans une pièce si parfaitement gaie, tout nous rappelle malgré nous ce souvenir funèbre. Tout nous y parle de la mort du poète; le malade et ses médecins, M. Bonnefoy le notaire, la jeune femme impatiente de recueillir l'héritage, tout jusqu'à l'imprécation fameuse d'Argan souhaitant à Molière de « crever » sans secours. A quelque point de vue que nous nous occupions du *Malade Imaginaire*, que ce soit pour raconter son histoire ou pour en étudier les mérites, toujours notre pensée revient à la catastrophe dont cette comédie a été l'occasion.

C'est ainsi qu'il nous faut, tout de suite et d'abord, mêler la mort de Molière à ce que nous devons dire du texte choisi par nous pour cette édition. L'auteur du *Malade Imaginaire*, en effet, n'a pu surveiller lui-même l'impression de sa pièce; et les comédiens de sa troupe, après lui, se sont bien gardés de la publier, craignant sans doute qu'une troupe rivale ne s'avisât de la jouer aussi. Nous savons même, par le *Registre* de La Grange, qu'ils se firent délivrer, le 7 janvier 1674, « une lettre de cachet portant défenses à tous autres comédiens que ceux de la troupe du roi de jouer le *Malade Imaginaire*, jusques à ce que ladite pièce fût imprimée ».

Il s'agissait donc, à tout prix, de la tenir inédite; et pendant près de dix ans, jusqu'en 1682, les comédiens de la troupe du roi refusèrent de se dessaisir du manuscrit de Molière. Mais soit que la sténographie, sous un autre nom, fût déjà à cette époque d'un usage courant, ou qu'un des acteurs de la troupe eût réussi à soustraire à ses camarades, pour la revendre en fraude, la copie de leurs rôles, nous voyons paraître dès 1674, à Amsterdam, chez Daniel Elzevier, une première édition du *Malade Imaginaire*, d'ailleurs si remplie de fautes et si manifestement contrefaite, que les noms mêmes des personnages y sont imprimés de travers. Purgon, pour nous borner à cet exemple, s'y appelle Turbon!

La même année, deux autres éditions paraissent, déjà infiniment plus correctes : l'une imprimée à Cologne, chez Jean Sambix, l'autre datée de Paris, mais que M. Louis Mesnard suppose, avec toute vraisemblance, issue elle aussi, de quelque presse étrangère. Ces deux éditions, en tout cas, se ressemblent assez pour qu'on puisse les croire faites d'après le même manuscrit ; et c'est elles, ou plutôt c'est l'édition de Cologne qui a été reproduite, à peine modifiée, dans le recueil des œuvres de Molière publié à Paris en 1675, chez Thierry et Barbin.

Cette édition allemande peut ainsi être considérée, en un sens, comme la vraie « première édition » du *Malade Imaginaire*. Et les éditeurs nous affirment, de plus, qu'elle est exactement conforme au texte original. « Les scènes, disent-ils, en ont été transcrites avec tant d'exactitude, et le jeu observé si régulièrement où il est nécessaire, que l'on ne trouvera pas un mot omis ni transposé. » Hélas! qu'il est difficile de se fier aux affirmations de personne, et des éditeurs de Cologne en particulier! Car voici qu'en 1682 La Grange et Vinot se décident enfin à publier une édition nouvelle de la comédie, « corrigée, nous disent-ils, sur l'original de l'auteur ». Et nous découvrons que non seulement il y a eu, dans les éditions de 1674 et 1675, une foule de mots « transposés et omis », mais que deux scènes du premier acte, et le troisième acte tout entier y diffèrent absolument de « l'original de l'auteur ».

Après cela, s'il est trop clair que les éditeurs de Cologne ont menti, en nous offrant leur texte pour l'original de Molière, rien ne prouve que La Grange et Vinot aient dit la vérité. Rien ne le prouve, du moins, *a priori* : car il n'y a guère de chance que nous retrouvions jamais le manuscrit du *Malade Imaginaire*, et chacun est libre d'imaginer que l'édition de 1682, elle aussi, s'éloigne par instants du texte primitif. La Grange et Vinot ont eu certainement le manuscrit sous les yeux ; mais il n'est pas impossible que les éditeurs précédents en aient possédé une exacte copie. Ils y ont pratiqué, cela est sûr, d'énormes changements ; et pourtant, nous ne voyons pas que la veuve de Molière ait protesté contre leurs éditions, ni contre la réimpression qu'on en a faite dans le recueil parisien de 1675. On n'entendait pas alors de la même façon qu'aujourd'hui le respect de la lettre écrite ; altérer une phrase, voire même toute une scène, ne passait pas encore pour un sacrilège ; et tout nouvel éditeur se croyait presque tenu de corriger, par endroits, le texte de son auteur. De là tant de *variantes*, dans les éditions successives des chefs-d'œuvre de notre littérature classique. Qui sait si La Grange et Vinot n'ont point enrichi de *variantes* de leur cru la version originale du *Malade Imaginaire* ?

Ou plutôt nous savons qu'ils l'ont fait, nous en avons une preuve certaine. Molière, en effet, s'il n'a point publié le texte complet de sa pièce, en a du moins fait imprimer une partie, la partie lyrique, formée des prologues et des intermèdes. Voulait-il vendre aux spectateurs l'explication des jeux de scène et le texte des paroles chantées ? Ou peut-être se proposait-il de les distribuer gratuitement dans la salle, comme on fait aujourd'hui pour les programmes des concerts ? C'est ce que ne nous apprend point le petit livret imprimé, en 1673, chez Christophe Ballard : mais il nous fournit, à coup sûr, le véritable texte de Molière, publié d'après son manuscrit, et sous son contrôle. Et la comparaison de ce texte avec celui de l'édition de 1682 nous montre que même, pour cette partie de la pièce, publiée antérieurement par Molière lui-même, La Grange et Vinot ne se sont pas fait faute de changer plusieurs passages, ici ajoutant un mot, ailleurs retranchant une phrase, le tout dans les meilleures intentions du monde, et pour rendre la pensée du poète plus claire ou plus belle.

De telle sorte qu'on peut d'abord hésiter, pour la partie que Molière n'a point publiée, c'est-à-dire pour le corps même de la comédie, entre l'édition de Sambix et celle de La Grange. Mais l'hésitation disparaît aussitôt que l'on confronte la valeur littéraire des deux éditions. Non que celle de 1674 soit incorrecte, ni contienne aucune sottise. Peut-être même le texte qu'elle donne est-il plus scénique, je veux dire mieux approprié aux routines du théâtre. Les dialogues y sont plus rapides, les jeux de scène indiqués avec plus de détail. Mais combien l'autre texte, celui de l'édition de 1682, combien il est plus proche de l'esprit de Molière !

Voici par exemple, au premier acte, la scène de M. Bonnefoy. La version de 1674 est sensiblement plus courte, réduite aux seuls passages qui touchent directement à l'action. Mais que l'on compare ces deux répliques du notaire :

EDITION DE COLOGNE. — « Ce n'est pas aux avocats à qui il faut s'adresser : ce sont gens fort scrupuleux sur cette matière, qui ne savent pas disposer en fraude de la loi, et qui sont ignorans des tours de la conscience ; c'est notre affaire à nous autres, et je suis venu à bout de bien plus grandes difficultés. »

EDITION DE 1682. — « Ce n'est point à des avocats qu'il faut aller, car ils sont d'ordinaire sévères là-dessus et s'imaginent que c'est un grand crime que de disposer en fraude de la loi. Ce sont gens de difficultés, et qui sont ignorans des détours de la conscience. Il y a d'autres personnes à consulter, qui sont bien plus accommodantes, qui ont des expédiens pour passer doucement par-dessus la loi, et rendre juste ce qui n'est pas permis ; qui savent aplanir les difficultés d'une affaire, et trouver des moyens d'éluder la coutume par quelque avantage indirect. Sans cela, où en serions-nous tous les jours ? Il faut de la facilité dans les choses ; autrement nous ne ferions rien, et je ne donnerais pas un sou de notre métier. »

Il faut de la facilité dans les choses : n'est-ce pas une des réflexions les plus *moliéresques* qui soient, avec ce mélange d'amertume et de bonhomie qui est un des traits les plus inimitables du génie comique de notre poète ? Et sans doute la tirade était longue, d'une portée toute générale ; mais qui peut balancer à y reconnaître la main de Molière ?

Un second exemple achèvera de faire comprendre la différence des deux éditions. Celle de 1674, ordinairement plus courte, contient cependant tout un passage qui n'est point dans l'édition de 1682. C'est à l'acte III, dans la scène entre Béralde et Toinette. L'ingénieuse servante ayant annoncé au frère de son maître qu'elle avait imaginé, pour guérir celui-ci, un tour de sa façon, Béralde, tout naturellement, lui demande ce que c'est. Et Toinette, dans l'édition de 1682, se contente de lui répondre :

« C'est une imagination burlesque. Cela sera peut-être plus heureux que sage. Laissez-moi faire. Agissez de votre côté. Voici notre homme. »

Après quoi elle sort, et va préparer la farce qu'on la verra, tout à l'heure, venir exécuter sur la scène. Or voici ce que nous trouvons, à cet endroit, dans l'édition de 1674 :

BÉRALDE

Que prétends-tu faire ?

TOINETTE

C'est un dessein assez burlesque et une imagination fort plaisante qui me vient dans l'esprit pour duper notre homme. Je songe qu'il faudrait faire venir ici un médecin à notre porte qui eût une méthode toute contraire à celle de M. Purgon, qui le décriât et le fît passer pour un ignorant, qui lui offrît ses services, et lui promît de prendre soin de lui en sa place. Peut-être serons-nous plus heureux que sages : éprouvons ceci à tout hasard ; mais comme je ne vois personne propre à bien faire le médecin, j'ai envie de jouer un tour de ma tête.

BÉRALDE

Quel est-il ?

TOINETTE

Vous verrez ce que c'est ; j'entends votre frère. Secondez-moi bien maintenant.

Le style même de ce dialogue, si pâteux et si lourd, suffirait à nous faire douter de son authenticité. Mais ne sent-on pas en outre combien est puérile, maladroite, peu digne de Molière, cette préparation d'une scène dont l'agrément doit venir surtout de son imprévu ? Non certes, ce n'est pas Molière qui a mis cette tirade dans la bouche de Toinette : et ce n'est certes pas le texte original de Molière que nous donne l'édition de 1674. Mais plutôt j'y verrais un texte remanié, déformé par des comédiens, trop heureux de pouvoir, en l'absence de l'auteur, rabaisser leurs rôles au niveau de leurs forces et de l'intelligence du public. Et c'est là qu'est, à mon avis, l'unique explication possible des différences du texte de Cologne avec celui de l'édition de La Grange. Le texte de Cologne, celui où le rôle du notaire est mutilé au profit de l'action, celui où Toinette instruit à l'avance Béralde, et le public, de la mystification qu'elle prépare, ce texte n'est point l'original de Molière ; mais c'est la version réduite, simplifiée, *acteurisée*, que jouaient, après la mort de l'auteur, les comédiens de la troupe du Roi. Libres de modifier leurs rôles à leur convenance, ils avaient usé largement de cette liberté. Et quand l'un d'eux a trouvé l'occasion de vendre, en cachette, à un éditeur, le texte de la pièce, fort ingénument il a vendu le texte tel que ses camarades et lui avaient coutume de le jouer. Comment admettre, sans cela, que Thierry et Barbin aient reproduit ce texte dans leur édition, et que la veuve de Molière ne s'y soit pas opposée ? Elle-même, peut-être, n'y a pas entendu malice. Le texte, s'il n'était point tel que l'avait voulu son défunt mari, peut-être à son avis n'en valait que mieux sous sa forme nouvelle, à la fois plus clair pour le public, et pour les acteurs plus commode à jouer.

Mais pour nous, aujourd'hui, le doute n'est pas possible. Le texte des éditions de 1674 et de 1675 n'est certainement pas l'original de Molière. Et si celui de l'édition de 1682 ne l'est, peut-être, pas non plus, du moins il a infiniment plus de chances de s'en rapprocher. Aussi bien, comme nous l'avons dit, les variantes apportées par cette édition aux parties de la pièce publiées par Molière lui-même sont-elles, en fin de compte, d'assez peu d'importance : tout nous fait croire qu'il en est de même pour les parties dont le manuscrit est perdu. C'est donc cette édition de 1682 que nous avons fidèlement reproduite ici, sauf pour le premier prologue et les intermèdes, que nous avons transcrits sur le livret de 1673. Une seconde édition de ce livret, imprimée en 1674, au lieu du premier prologue en contient un autre plus court, ou plutôt un fragment de prologue, destiné sans doute par Molière à remplacer le premier pour les représentations postérieures. On trouvera ici ce morceau à la suite du premier prologue; mais nous avons cru devoir en prendre plutôt le texte dans l'édition de 1682, puisqu'en fait l'une et l'autre des deux éditions ont été publiées après la mort de Molière.

Nous voici de nouveau ramenés au souvenir de cette mort. Mais combien plus précis encore il va nous apparaître, et plus douloureux, pendant que nous allons essayer de raconter l'histoire du *Malade Imaginaire!*

Une histoire d'ailleurs assez lugubre par elle-même, où tout semble en harmonie avec le cruel dénouement! Car non seulement cette joyeuse comédie est désormais pour nous comme voilée d'un crêpe, mais il n'y en a point que Molière ait écrite dans des circonstances plus tristes. « Tant que ma vie a été mêlée également de douleur et de plaisir, disait-il à sa femme le soir de la troisième représentation, je me suis cru heureux; mais aujourd'hui que je suis accablé de peines, sans pouvoir compter sur aucun moment de satisfaction et de douceur, je vois bien qu'il faut quitter la partie. » Ce sont du moins les paroles que lui prête Grimarest, son premier biographe, qui prétend les tenir de la bouche de Baron. Et rien, hélas! ne nous empêche de croire que Molière les ait vraiment prononcées.

Le malheureux était en effet « accablé de peines », durant les derniers mois de sa vie où il s'occupait du *Malade Imaginaire*. Aux souffrances de son cœur d'autres souffrances étaient venues se joindre, qui paraissent avoir achevé de le décourager : deux surtout, dont sa pièce nous apporte aujourd'hui encore un trop certain témoignage.

Il lui était arrivé, d'abord, le malheur le plus terrible qui pût lui arriver : le Roi, jusque-là son plus sûr soutien, venait décidément de lui retirer sa faveur. Ce n'était pas, si l'on veut, une vraie disgrâce, et rien ne prouve que Louis XIV, après avoir si longtemps raffolé du poète, se soit à ce moment indisposé contre lui. Indisposé, il ne l'était point, mais il était fatigué, ce qui, peut-être, valait pis encore pour le pauvre Molière. Il en avait assez non pas de lui, mais de sa comédie, d'un art tout de nuances, discret et fin, demandant trop d'efforts pour être goûté. Sa mobile curiosité allait désormais tout entière à un art nouveau, à cet opéra de Lulli dont il faut bien reconnaître d'ailleurs qu'il convenait mieux que les comédies de Molière au divertissement solennel d'une cour. En vain Molière s'ingéniait à entourer ses comédies de ballets et de fêtes galantes ; en vain il prenait pour collaborateurs le vieux Corneille et Quinault, pour donner à ses spectacles plus d'éclat et de variété. Il y avait encore dans tout ce qu'il produisait trop de littérature, un fonds d'observation qui transparaissait sous la pompe du décor. Et le Roi ne voulait plus que des décors pompeux : s'éloignant sans cesse davantage de la réalité, de moins en moins il pouvait s'intéresser au fidèle tableau que lui en offrait le poète. Lulli, c'était désormais son homme; et c'était, comme l'on sait, un fort vilain homme, intrigant, cupide, sans scrupule, usant et abusant de la faveur que lui montrait Louis XIV.

Il s'était fait délivrer en 1672, des lettres patentes qui défendaient « à toutes personnes de faire chanter aucune pièce » sans sa permission par écrit ; et par un privilège plus monstrueux encore, il avait obtenu le droit de considérer comme lui appartenant en propre « les vers, paroles, sujets, desseins et ouvrages » sur lesquels il avait composé de la musique. Ce dont il s'était aussitôt prévalu pour jouer sur un théâtre une façon de pot-pourri, *les Fêtes de l'Amour et de Bacchus*, où il avait simplement réuni bout à bout des passages empruntés aux pièces de Molière.

Et c'est encore aux intrigues de Lulli que Molière a dû de ne pouvoir faire représenter à la cour son *Malade Imaginaire*. Avec son prologue et ses intermèdes, la pièce était évidemment destinée à un autre public que celui du Palais-Royal. Molière avait espéré retrouver par elle, devant le roi, le succès que lui avait naguère valu le *Bourgeois Gentilhomme*. Mais non seulement il ne parvint pas à la faire jouer à la cour : tout porte même à croire qu'il fut contraint de ne donner au Palais-Royal qu'une partie de la musique écrite pour ses intermèdes par le compositeur Charpentier.

On peut imaginer le chagrin qu'il en eut, sa colère, son inquiétude à se voir ainsi abandonné, en face d'ennemis si nombreux et si pleins de rancune. Et cela dans un moment où ses forces diminuaient, où sa maladie commençait à ne plus lui donner de répit ! Car c'est là une autre cause d'angoisse et de découragement qui s'était abattue sur lui, tandis qu'il écrivait son *Malade Imaginaire*. Et de celle-là aussi nous retrouvons la trace dans sa comédie.

Ou plutôt c'est à elle que nous devons cette admirable comédie, et tout ce que nous y voyons qui dépasse en vérité et en profondeur les œuvres précédentes traitant du même sujet. Si parmi tant de pièces où Molière a raillé la médecine et les médecins, le *Malade Imaginaire* nous apparaît comme un chef-d'œuvre unique, si la satire y est à la fois incomparablement plus précise et plus amère que dans l'*Amour Médecin*, *Monsieur de Pourceaugnac*, et le *Médecin malgré lui*, c'est à coup sûr parce que, malade et se sentant mourir, le poète a été amené à des réflexions plus sérieuses, plus intimes et plus efficaces sur les redoutables problèmes de la vie et de la mort. L'inanité de la médecine, que jusque-là il n'avait fait que deviner d'instinct, maintenant il la constatait à ses propres dépens, l'impossibilité d'une résistance de l'homme contre la Nature. Et sa mauvaise humeur à l'égard des médecins s'était tournée en haine, quand, sous leur prétention, leur morgue et leur avidité, il avait touché du doigt leur effroyable ignorance de tout moyen de guérir.

C'est cette haine personnelle qui fait pour nous du *Malade Imaginaire* tout ensemble la plus réaliste et la plus poétique des comédies de Molière. Poétique, elle l'est par un souffle de passion qui la traverse, donnant aux figures de Purgon et des Diafoirus un relief et une intensité extraordinaires. On sent que c'est pour son compte que Molière les déteste. A les railler, à nous étaler leur sottise et leur impuissance, il met la même ardeur fiévreuse que Dickens à nous exciter contre l'hypocrisie de Pecksniff. Et quelle éloquence, quel accent de conviction intime et profonde, dans l'admirable scène où, par la bouche de Béralde, il expose ses idées sur le néant de la médecine ! « Je ne vois point de plus plaisante mômerie, je ne sais rien de plus ridicule qu'un homme qui se veut mêler d'en guérir un autre... Les ressorts de notre machine sont des mystères, où les hommes ne voient goutte ; et la nature nous a mis au devant des yeux des voiles trop épais pour y connoistre quelque chose. » Voilà des paroles bien graves, et qu'on n'attendait guère à propos des mésaventures d'Argan. Mais bien par delà Argan, c'est à nous tous qu'elles s'adressent ; et c'est l'âme de Molière qui s'y épanche à nous.

Qu'on ne me soupçonne pas au moins de tenir le *Malade Imaginaire* pour une tragédie ! L'intention en est toute comique, et nous voyons aussitôt que Molière l'a surtout écrit pour nous amuser. Mais jamais encore, jusque-là, sa moquerie n'avait été aussi impitoyable, ni fondée sur une observation aussi pénétrante. Qu'on se rappelle par exemple la scène du notaire, celle des trois médecins, la consultation de Toinette. Ce sont des charges, mais comme on sent que la réalité en est toute prochaine, comme chacun des traits porte droit et profond ! La cérémonie finale elle-même, si bouffonne, est d'une tout autre bouffonnerie que le *Bourgeois gentilhomme*. La folie y est, pour ainsi dire, constamment à base de sérieux et de vérité. Et je ne parle pas ici de telles phrases de cette farce immortelle, qui aujourd'hui encore, sous leur latin de cuisine, nous étonnent par l'ampleur de leur sens philosophique. Mais l'ensemble de la scène est directement emprunté à la vie réelle. Molière n'a inventé que le détail : pour le fonds même du sujet il s'est borné à transcrire, en les arrangeant à sa façon, des documents authentiques qu'il avait eus sous les yeux. Nous savons en effet qu'il avait pour ami un médecin désabusé de la médecine, le docteur Mauvillain, qui fut publiquement accusé de lui avoir livré les secrets de sa profession. Et d'autre part, il suffit de parcourir les anciens *statuts de la Faculté de Médecine* pour voir que le programme de la réception des nouveaux docteurs, au temps de Molière, ressemblait fort à celui de l'admirable réception d'Argan. « Dans l'acte de maîtrise, dit l'un de ces *statuts*, le président mettra sur la tête du licencié le bonnet, insigne du doctorat, et, avec grand soin, l'avertira du devoir à remplir dans l'exercice de la médecine ; puis le nouveau docteur proposera une question médicale à un autre docteur placé dans une plus petite chaire... Qu'alors le nouveau docteur, dans un élégant discours, rende des actions de grâces à Dieu très grand et très bon, au collège des médecins, aux parents et amis présents. »

Il n'y a pas jusqu'à la partie musicale de la *Cérémonie* qui n'ait un fondement authentique. « La manière dont on faisait un médecin à Montpellier était celle-ci, » écrit John Locke dans son journal, « en 1676 : le cortège en robes écarlates et en bonnets noirs. Le professeur s'assit, et après que des violons eussent joué quelque temps, il leur fit donner le signal de se taire, afin qu'il lui fût loisible de parler à la compagnie : ce qu'il fit dans un discours contre les nouveautés. Reprise alors de la musique.

Puis l'aspirant commença son discours, où je trouvai peu de sujet d'être édifié ; il y devait adresser un compliment au chancelier et aux professeurs qui étaient présents. Le docteur alors lui mit sur la tête, en signe de son doctorat, le bonnet, qui, dans la marche du cortége, était venu là au bout du bâton de l'huissier, lui passa au doigt un anneau, et s'étant ceint lui-même d'une chaîne d'or, le fit asseoir près de lui, pour qu'après avoir pris tant de peines, il pût maintenant se mettre à l'aise ; il le baisa et l'embrassa, en gage de cette amitié qui allait désormais exister entre eux. »

Aussi la colère des médecins fut-elle grande contre l'audacieux qui, non content de les bafouer par la bouche de ses personnages, avait encore livré à la risée publique les rites sacro-saints de leur confrérie.

La Faculté de Médecine
Tant soit peu, dit-on, s'en chagrine.

écrivait Robinet dans son compte rendu de la première représentation du *Malade Imaginaire*. Et l'on devine quelle riche matière ce fut, pour l'ironie vengeresse de ces messieurs, que la mort de Molière survenant presque au lendemain de son attentat. Cette mort leur apparut comme un châtiment céleste. Ils la célébrèrent en vers et en prose, d'autant plus à l'aise pour épancher leur rancune qu'ils n'avaient plus à craindre de riposte. Sur le cadavre à peine refroidi du poëte, ils firent tomber des pelletées d'injures. Epitaphes spirituelles et sanglantes, parodies, pamphlets ailés et lourdes controverses, ils en accablèrent leur ennemi défunt, insistant avec une complaisance touchante sur cet argument en effet péremptoire, que Molière, qui les avait attaqués, était mort, tandis qu'eux-mêmes continuaient de vivre. C'est ainsi que le médecin de la duchesse d'Orléans, Jean Bernier, trouva plaisant de souhaiter que l'auteur du *Malade Imaginaire* eût « moins échauffé son imagination et sa petite poitrine ». *Sa petite poitrine*, l'allusion n'est-elle pas délicieuse ?

Avec le temps, cependant, l'irritation des médecins sembla se calmer. A moins encore qu'elle ait pris, avec le temps, une tournure nouvelle, et qu'au lieu d'injurier Molière, les descendants de M. Purgon aient imaginé un moyen plus détourné, mais plus sûr, pour amortir l'effet de sa comédie : un moyen qui consiste à faire passer le *Malade Imaginaire* pour une simple farce, spirituelle et amusante, mais absolument dépourvue de toute portée plus sérieuse. Telle est, en tout cas, l'opinion qu'on se fait généralement aujourd'hui de cette pièce fameuse, la plus *observée*, à notre avis, des pièces de Molière, et celle où il a mis le plus de lui-même. Les profonds aphorismes de Béralde passent inaperçus ; Purgon et les Diafoirus divertissent comme des fantoches d'opérette, sans que l'on s'avise de les comparer ni aux médecins d'autrefois, ni à ceux d'aujourd'hui. Et que les médecins aient ou non contribué à dénaturer de cette façon le sens primitif du *Malade Imaginaire*, nous ne pouvons nous empêcher de voir là une revanche de leur confrérie.

T. DE WYZEWA.

LE MALADE IMAGINAIRE.

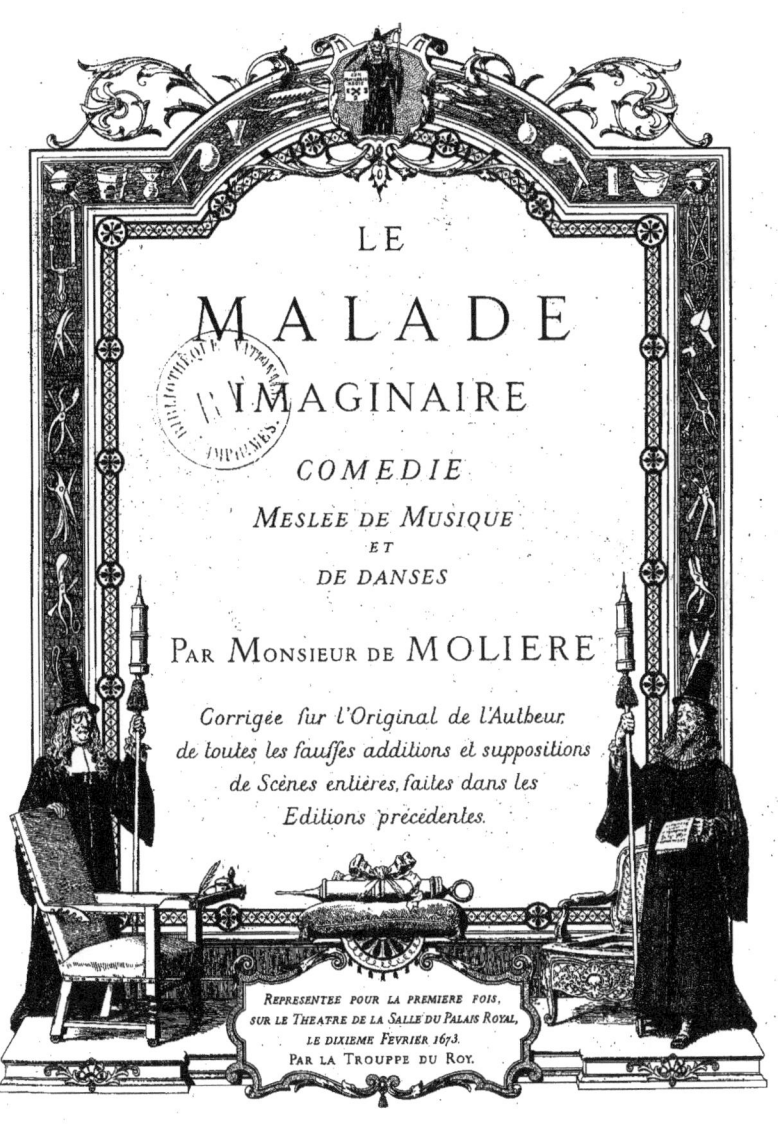

ACTEURS

ARGAN, Malade Imaginaire.
BELINE, seconde femme d'Argan.
ANGÉLIQUE, Fille d'Argan et Amante de Cléante.
LOUISON, petite Fille d'Argan et Sœur d'Angélique.
BERALDE, frère d'Argan.
CLÉANTE, Amant d'Angélique.
Monsieur DIAFOIRUS, Médecin.
Thomas DIAFOIRUS, son Fils, et Amant d'Angélique.
Monsieur PURGON, Médecin d'Argan.
Monsieur FLEURANT, Apotiquaire.
Monsieur BONNEFOY, Notaire.
TOINETTE, Servante.

La Scène est à Paris.

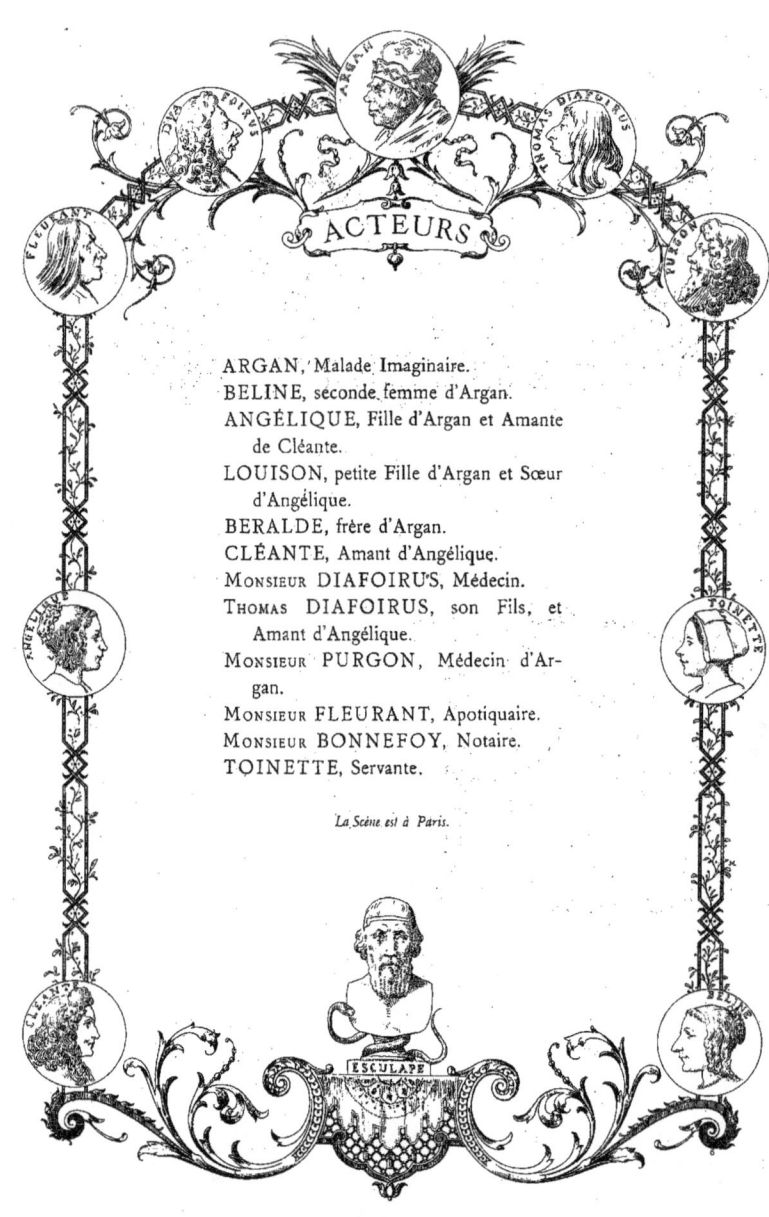

LE PROLOGUE

Près les glorieuses fatigues et les Exploits victorieux de nostre Auguste Monarque, il est bien juste que tous ceux qui se meslent d'écrire travaillent ou à ses loüanges ou à son divertissement. C'est ce qu'icy l'on a voulu faire, et ce Prologue est un essay des Loüanges de ce grand Prince, qui donne Entrée à la Comedie du *Malade Imaginaire*, dont le projet a esté fait pour le délasser de ses nobles travaux.

(*La Décoration représente un lieu Champestre fort agréable.*)

EGLOGUE

EN MUSIQUE ET EN DANCE

FLORE, PAN, CLIMÈNE, DAPHNÉ, TIRCIS, DORILAS, DEUX ZEPHIRS

Troupe de Bergères et de Bergers

FLORE

Quittez, quittez vos Troupeaux,
Venez, Bergers, venez Bergères,
Accourez, accourez sous ces tendres Ormeaux;
Je viens vous annoncer des nouvelles bien chères
Et réjouïr tous ces Hameaux !
Quittez, quittez vos Troupeaux,
Venez, Bergers, venez, Bergères
Accourez, accourez sous ces tendres Ormeaux.

CLIMÈNE et DAPHNÉ

Berger, laissons-là tes feux,
Voilà Flore qui nous apelle.

TIRCIS et DORILAS

Mais au moins dy-moy, cruëlle,

TIRCIS

Si d'un peu d'amitié tu payeras mes vœux

DORILAS
Si tu seras sensible à mon ardeur fidelle.

CLIMÈNE ET DAPHNÉ
Voila Flore qui nous apelle.

TIRCIS ET DORILAS
Ce n'est qu'un mot, un mot, un seul mot que je veux.

TIRCIS
Languiray-je toujours dans ma peine mortelle ?

DORILAS
Puis-je espérer qu'un jour tu me rendras heureux ?

CLIMÈNE ET DAPHNÉ
Voila Flore qui nous apelle

ENTRÉE DE BALLET

Toute la Trouppe des Bergers et des Bergères va se placer en cadence autour de Flore.

CLIMÈNE
Quelle nouvelle parmy nous,
Déesse, doit jetter tant de réjouïssance ?

DAPHNÉ

Nous brûlons d'aprendre de vous
Cette nouvelle d'importance.

DORILAS

D'ardeur nous en soûpirons tous.

TOUS

Nous en mourons d'impatience.

FLORE

La voicy; silence, silence.
Vos vœux sont exaucez, LOUIS est de retour;
Il ramène en ces lieux les Plaisirs et l'Amour
Et vous voyez finir vos mortelles alarmes;
Par ses vastes exploits son bras voit tout soûmis;
Il quitte les armes
Faute d'ennemis.

TOUS

Ah quelle douce nouvelle!
Qu'elle est grande! qu'elle est belle!
Que de plaisirs! que de ris! que de jeux!
Que de succez heureux!
Et que le Ciel a bien remply nos vœux!
Ah quelle douce nouvelle!
Qu'elle est grande! qu'elle est belle!

ENTRÉE DE BALLET

Tous les Bergers et Bergères expriment par des dances les transports de leur joye.

FLORE

De vos Flutes bocagères
Réveillez les plus beaux sons;
LOUIS offre à vos Chansons
La plus belle des matières.
    Après cent combats
    Où cueille son bras
    Une ample victoire,
    Formez entre-vous
    Cent combats plus doux
    Pour chanter sa gloire.

TOUS

Formons entre-nous
Cent combats plus doux
Pour chanter sa gloire.

FLORE

Mon jeune Amant, dans ce bois,
Des présens de mon empire
Prepare un prix à la voix
Qui sçaura le mieux nous dire

Les vertus et les exploits
Du plus Auguste des Rois.

CLIMÈNE
Si Tircis a l'avantage,

DAPHNÉ
Si Dorilas est vainqueur,

CLIMÈNE
A le chérir je m'engage.

DAPHNÉ
Je me donne à son ardeur.

TIRCIS
O trop chère espérance !

DORILAS
O mot plein de douceur !

TOUS-DEUX
Plus beau sujet, plus belle récompence,
Peuvent-ils animer un cœur ?

Les violons joüent un Air pour animer les deux Bergers au combat, tandis que Flore, comme Juge, va se placer au pied de l'arbre, avec deux Zéphirs, et que le reste, comme Spectateurs, va occuper les deux coins du Théâtre.

TIRCIS
Quand la neige fonduë enfle un torrent fameux,
Contre l'effort soudain de ses flots écumeux

Il n'est rien d'assez solide;
Digues, Chasteaux, Villes et Bois,
Hommes et Troupeaux à la fois,
Tout cede au courant qui le guide.
Tel, et plus fier, et plus rapide,
Marche LOUIS dans ses Exploits.

BALLET

Les Bergers et Bergères de son costé dancent autour de luy, sur une Ritornelle, pour exprimer leurs applaudissemens.

DORILAS

Le foudre menaçant qui perce avec fureur
L'affreuse obscurité de la nuë enflammée
  Fait d'épouvante et d'horreur
  Trembler le plus ferme cœur;
Mais, à la teste d'une armée,
LOUIS jette plus de terreur.

BALLET

Les Bergers et Bergères de son costé font de mesme que les autres.

TIRCIS

Des fabuleux Exploits que la Grèce a chantez,
Par un brillant amas de belles veritez,
    Nous voyons la gloire effacée ;
    Et tous ces fameux demy-dieux
      Que vante l'Histoire passée
      Ne sont point à nostre pensée
      Ce que LOUIS est à nos yeux.

BALLET

Les Bergers et Bergères de son costé font encore la mesme chose.

DORILAS

LOUIS fait à nos temps, par ses faits inouïs,
Croire tous les beaux faits que nous chante l'Histoire
    Des Siècles évanouïs ;
    Mais nos Neveux, dans leur gloire,
    N'auront rien qui fasse croire
    Tous les beaux faits de LOUIS.

BALLET

Les Bergères de son costé font encore de mesme ; après quoy, les deux partis se meslent.

PAN, *suivy de six Faunes.*

Laissez, laissez, Bergers, ce dessein téméraire !
Hé, que voulez-vous faire ?
Chanter sur vos chalumeaux
Ce qu'Appollon sur sa Lyre,
Avec ses chants les plus beaux,
N'entreprendroit pas de dire ;
C'est donner trop d'Essor au feu qui vous inspire,
C'est monter vers les Cieux sur des aisles de Cire,
Pour tomber dans le fond des Eaux.
Pour chanter de LOUIS l'intrépide courage,
Il n'est point d'assez docte voix,
Point de mots assez grands pour en tracer l'Image !
Le silence est le langage
Qui doit loüer ses exploits,
Consacrez d'autres soins à sa pleine Victoire,
Vos loüanges n'ont rien qui flatte ses désirs,
Laissez, laissez-là sa gloire,
Ne songez qu'à ses plaisirs

TOUS

Laissons, laissons là sa gloire,
Ne songeons qu'à ses plaisirs.

FLORE

Bien que, pour étaler ses vertus immortelles,
La force manque à vos esprits,
Ne laissez pas tous deux de recevoir le prix.
Dans les choses grandes et belles,
Il suffit d'avoir entrepris.

ENTRÉE DE BALLET

Les deux Zéphirs dancent avec deux couronnes de Fleurs à la main, qu'ils viennent donner ensuitte aux deux Bergers.

CLIMÈNE ET DAPHNÉ, *en leur donnant la main.*

Dans les choses grandes et belles,
Il suffit d'avoir entrepris.

TIRCIS ET DORILAS

Hâ! que d'un doux succès nostre audace est suivie!

FLORE ET PAN

Ce qu'on fait pour LOUIS, on ne le perd jamais.

LES QUATRE AMANS

Au soin de ses plaisirs donnons-nous désormais.

FLORE et PAN

Heureux, heureux qui peut luy consacrer sa vie!

TOUS

Joignons tous dans ces bois
Nos flûtes et nos voix,
Ce jour nous y convie,
Et faisons aux Echos redire mille fois :
LOUIS est le plus grand des Rois.
Heureux, heureux qui peut luy consacrer sa vie!

DERNIÈRE ET GRANDE ENTRÉE DE BALLET

Faunes, Bergers et Bergères, tous se meslent, et il se fait entr'eux des jeux de dance ; aprés quoy ils se vont préparer pour la Comédie.

AUTRE PROLOGUE

Le Théatre représente une Forêt.

L'Ouverture du Théatre se fait par un bruit agréable d'instrumens. Ensuite une Bergère vient se plaindre tendrement de ce qu'elle ne trouve aucun remède pour soulager les peines qu'elle endure. Plusieurs Faunes et Ægipans, assemblés pour les Festes et les Jeux qui leur sont particuliers, rencontrent la Bergère. Ils écoutent ses plaintes, et forment un spectacle très divertissant.

PLAINTE DE LA BERGÈRE

Vostre plus haut sçavoir n'est que pure chimère,
Vains et peu sages Médecins ;
Vous ne pouvez guérir, par vos grands mots Latins,
La douleur qui me desespère :
Votre plus haut sçavoir n'est que pure chimère.

Helas ! je n'ose découvrir
Mon amoureux martyre
Au Berger pour qui je soûpire,
Et qui seul peut me secourir.
Ne prétendez pas le finir,
Ignorans Médecins ; vous ne sçaurriez le faire :
Vostre plus haut sçavoir n'est que pure chimère.

Ces remèdes peu seurs, dont le simple vulgaire
Croit que vous connoissez l'admirable vertu,
Pour les maux que je sens n'ont rien de salutaire,
Et tout vostre caquet ne peut estre reçû
Que d'un MALADE IMAGINAIRE.

Vostre plus haut sçavoir n'est que pure chimère,
Vains et peu sages médecins ;

COMÉDIE

Vous ne pouvez guérir, par vos grands mots latins
La douleur qui me desespère
Vostre plus haut sçavoir n'est que pure chimère.

Le Théatre change et représente une Chambre.

ACTE PREMIER

SCÈNE PREMIÈRE

ARGAN, *seul dans sa chambre assis, une table devant luy, compte des Parties d'Apotiquaire avec des jettons ; il fait, parlant à luy-mesme, les dialogues suivans :*

ROIS et deux font cinq, et cinq font dix, et dix font vingt. Trois et deux font cinq. « Plus, du vingt-quatriéme, un petit Clystère insinuatif, préparatif et remolliant, pour amollir, humecter et rafraîchir les entrailles de Monsieur. » Ce qui me plaist de Monsieur Fleurant, mon Apotiquaire, c'est que ses parties sont toûjours

fort civiles. « Les entrailles de Monsieur, trente sols. »
Oüy ; mais, Monsieur Fleurant, ce n'est pas tout que
d'estre civil, il faut estre aussi raisonnable, et ne pas
écorcher les Malades. Trente sols un lavement ! je suis
vostre Serviteur, je vous l'ay déja dit. Vous ne me
les avez mis dans les autres Parties qu'à vingt sols,
et vingt sols en langage d'Apotiquaire, c'est à dire dix
sols ; les voilà, dix sols. « Plus, dudit jour, un bon
Clystère détersif, composé avec catholicon double, rhubarbe, miel rosat et autres, suivant l'ordonnance, pour
balayer, laver et nettoyer le bas-ventre de Monsieur,
trente sols. » Avec vôtre permission, dix sols. « Plus,
dudit jour, le soir, un julep hépatique, soporatif et
somnifère, composé pour faire dormir Monsieur, trente
cinq sols. » Je ne me plains pas de celuy-là, car il me
fit bien dormir. Dix, quinze, seize et dix sept sols, six
deniers. « Plus, du vingt-cinquième, une bonne médecine purgative et corroborative, composée de casse
récente avec sené levantin et autres, suivant l'ordonnance de Monsieur Purgon, pour expulser et évacuer
la bile de Monsieur, quatre livres. » Ah ! Monsieur
Fleurant, c'est se mocquer, il faut vivre avec les malades.
Monsieur Purgon ne vous a pas ordonné de mettre
quatre francs. Mettez, mettez trois livres, s'il vous
plaist. Vingt et trente sols. « Plus, dudit jour, une
potion anodine et astringente pour faire reposer Mon-

sieur, trente sols. » Bon... dix et quinze sols. « Plus, du vingt-sixiéme, un clystère carminatif pour chasser les vents de Monsieur, trente sols. » Dix sols, Monsieur Fleurant. « Plus le clystère de Monsieur reïteré le soir, comme dessus, trente sols. » Monsieur Fleurant, dix sols. « Plus, du vingt-septiéme, une bonne médecine composée pour haster d'aller et chasser dehors les mauvaises humeurs de Monsieur, trois livres. » Bon, vingt et trente sols; je suis bien aise que vous soyez raisonnable. « Plus, du vingt-huitiéme, une prise de petit lait clarifié et dulcoré, pour adoucir, lénifier, tempérer et rafraîchir le sang de Monsieur, vingt sols. » Bon, dix sols. « Plus une potion cordiale et préservative, composée avec douze grains de bezoard, sirop de limon et grenade, et autres suivant l'ordonnance, cinq livres. » Ah! Monsieur Fleurant, tout doux, s'il vous plaist; si vous en usez comme cela, on ne voudra plus estre malade, contentez-vous de quatre francs; vingt et quarante sols. Trois et deux font cinq, et cinq font dix, et dix font vingt. Soixante et trois livres quatre sols six deniers. Si bien donc que, de ce mois, j'ay pris une, deux, trois, quatre, cinq, six, sept et huit médecines, et un, deux, trois, quatre, cinq, six, sept, huit, neuf, dix, onze et douze lavemens; et, l'autre mois, il y avoit douze medecines et vingt lavemens. Je ne m'étonne pas si je ne me porte pas si bien ce mois-cy que l'autre. Je le diray à Monsieur Purgon, afin qu'il mette ordre à cela. Allons, qu'on m'oste tout cecy. Il n'y a personne ? J'ay beau dire, on me laisse toûjours seul ; il n'y a pas moyen de les arrester icy. (*Il sonne une sonnette pour faire venir ses gens.*) Ils n'entendent point, et ma sonnette ne fait pas assez de bruit. Drelin, drelin, drelin, point d'affaire. Drelin, drelin, drelin, ils sont sourds... Toinette ! Drelin, drelin, drelin. Tout comme si je ne sonnais point. Chienne ! coquine ! Drelin, drelin, drelin ; j'enrage. (*Il ne sonne plus, mais il crie.*) Drelin, drelin, drelin. Carogne, à tous les diables ! Est-il possible qu'on laisse comme cela un pauvre malade tout seul ! Drelin, drelin, drelin : voila qui est pitoyable ! Drelin, drelin, drelin. Ah ! mon Dieu, ils me laisseront icy mourir. Drelin, drelin, drelin !

SCÈNE II

TOINETTE, ARGAN

TOINETTE, *en entrant dans la chambre.*

On y va.

ARGAN

Ah ! chienne ! ah ! carogne !...

TOINETTE, *faisant semblant de s'estre cognée la teste.*

Diantre soit fait de vostre impatience ! Vous pressez

si fort les personnes que je me suis donné un grand coup de la teste contre la carne d'un volet.

ARGAN, *en colère.*

Ah! traistresse...

TOINETTE, *pour l'interrompre et l'empescher de crier, se plaint toûjours, en disant :*

Ha!

ARGAN

Il y a...

TOINETTE

Ha!

ARGAN

Il y a une heure...

TOINETTE

Ha!

ARGAN

Tu m'as laissé...

TOINETTE

Ha!

ARGAN

Tay toy donc, coquine, que je te querelle.

TOINETTE

Ç'amon, ma foy, j'en suis d'avis, aprés ce que je me suis fait.

ARGAN

Tu m'as fait égosiller, carogne!

TOINETTE

Et vous m'avez fait, vous, casser la teste; l'un vaut bien l'autre. Quitte à quitte, si vous voulez.

ARGAN

Quoy! coquine...

TOINETTE

Si vous querellez, je pleureray.

ARGAN

Me laisser, traistresse...

TOINETTE, *toujours pour l'interrompre.*

Ha!

ARGAN

Chienne! tu veux...

TOINETTE

Ha!

ARGAN

Quoy! il faudra encore que je n'aye pas le plaisir de la quereller?

TOINETTE

Querellez tout votre soû : je le veux bien.

ARGAN

Tu m'en empesches, chienne, en m'interrompant à tous coups.

TOINETTE

Si vous avez le plaisir de quereller, il faut bien que de mon costé j'aye le plaisir de pleurer : chacun le sien, ce n'est pas trop. Ha!

ARGAN

Allons, il faut en passer par là. Oste-moy cecy, coquine, oste-moy cecy. (*Argan se lève de sa chaise.*) Mon lavement d'aujourd'huy a-t-il bien operé?

TOINETTE

Vostre lavement?

ARGAN

Oüy. Ay-je bien fait de la bile?

TOINETTE

Ma foy, je ne me mesle point de ces affaires-là; c'est à Monsieur Fleurant à y mettre le nez, puis qu'il en a le profit.

ARGAN

Qu'on ait soin de me tenir un boüillon prest, pour l'autre que je dois tantost prendre.

TOINETTE

Ce Monsieur Fleurant-là et ce Monsieur Purgon s'égayent bien sur vostre corps; ils ont en vous une bonne vache à lait, et je voudrois bien leur demander quel mal vous avez, pour vous faire tant de remèdes.

ARGAN

Taisez-vous, ignorante ; ce n'est pas à vous à contrôler les ordonnances de la Médecine. Qu'on me fasse venir ma fille Angélique, j'ay à luy dire quelque chose.

TOINETTE

La voicy qui vient d'elle-mesme; elle a deviné vostre pensée.

SCÈNE III

ANGÉLIQUE, TOINETE, ARGAN

ARGAN

Approchez, Angélique : vous venez à propos ; je voulois vous parler.

ANGÉLIQUE

Me voila preste à vous oüir.

ARGAN, *courant au bassin.*

Attendez. Donnez-moy mon bâton. Je vay revenir tout à l'heure.

TOINETTE, *en le raillant.*

Allez viste, Monsieur, allez. Monsieur Fleurant nous donne des affaires.

SCÈNE IV

ANGÉLIQUE, TOINETTE

ANGÉLIQUE, *la regardant d'un œil languissant, luy dit confidemment :*
Toinette.

TOINETTE
Quoy ?

ANGÉLIQUE
Regarde-moy un peu.

TOINETTE
Hé bien ! je vous regarde.

ANGÉLIQUE
Toinette !

TOINETTE
Hé bien, quoy, Toinette ?

ANGÉLIQUE
Ne devines-tu point dequoy je veux parler ?

TOINETTE
Je m'en doute assez : de nostre jeune amant, car c'est sur luy depuis six jours que roulent tous nos entretiens, et vous n'estes point bien si vous n'en parlez à toute heure.

ANGÉLIQUE

Puisque tu connois cela, que n'es-tu donc la première à m'en entretenir, et que ne m'épargnes-tu la peine de te jetter sur ce discours ?

TOINETTE

Vous ne m'en donnez pas le temps, et vous avez des soins là-dessus qu'il est difficile de prévenir.

ANGÉLIQUE

Je t'avouë que je ne sçaurois me lasser de te parler de luy, et que mon cœur profite avec chaleur de tous les momens de s'ouvrir à toy. Mais, dy-moy, condamnes-tu, Toinette, les sentimens que j'ay pour luy ?

TOINETTE

Je n'ai garde.

ANGÉLIQUE

Ay-je tort de m'abandonner à ces douces impressions ?

TOINETTE

Je ne dis pas cela.

ANGÉLIQUE

Et voudrois-tu que je fusse insensible aux tendres protestations de cette passion ardente qu'il témoigne pour moy ?

TOINETTE

A Dieu ne plaise !

ANGÉLIQUE

Dy-moy un peu, ne trouves-tu pas, comme moy, quelque chose du Ciel, quelque effet du destin, dans l'avanture inopinée de nostre connoissance ?

TOINETTE

Oüy.

ANGÉLIQUE

Ne trouves-tu pas que cette action d'embrasser ma défence sans me connoistre est tout à fait d'un honneste homme ?

TOINETTE

Oüy.

ANGÉLIQUE

Que l'on ne peut pas en user plus généreusement ?

TOINETTE

D'accord.

ANGÉLIQUE

Et qu'il fit tout cela de la meilleure grâce du monde ?

TOINETTE

Oh ! oüy.

ANGÉLIQUE

Ne trouves-tu pas, Toinette, qu'il est bien fait de sa personne ?

TOINETTE

Assurément.

ANGÉLIQUE

Qu'il a l'air le meilleur du monde ?

TOINETTE

Sans doute.

ANGÉLIQUE

Que ses discours, comme ses actions, ont quelque chose de noble ?

TOINETTE

Cela est seur.

ANGÉLIQUE

Qu'on ne peut rien entendre de plus passionné que tout ce qu'il me dit ?

TOINETTE

Il est vray.

ANGÉLIQUE

Et qu'il n'est rien de plus fâcheux que la contrainte où l'on me tient, qui bouche tout commerce aux doux empressemens de cette mutuelle ardeur que le Ciel nous inspire ?

TOINETTE

Vous avez raison.

ANGÉLIQUE

Mais, ma pauvre Toinette, crois-tu qu'il m'ayme autant qu'il me le dit ?

TOINETTE

Eh, eh, ces choses-là parfois sont un peu sujettes à caution. Les grimaces d'amour ressemblent fort à la vérité, et j'ay veu de grands Comédiens là-dessus.

ANGÉLIQUE

Ah! Toinette, que dis-tu là ? Helas! de la façon qu'il parle, seroit-il bien possible qu'il ne me dist pas vray ?

TOINETTE

En tout cas, vous en serez bien-tost éclaircie, et la résolution où il vous écrivit hier qu'il estoit de vous faire demander en Mariage est une prompte voye à vous faire connoistre s'il vous dit vray ou non. C'en sera-là la bonne preuve.

ANGÉLIQUE

Ah ! Toinette, si celuy-là me trompe, je ne croyray de ma vie aucun homme.

TOINETTE

Voila vostre Père qui revient.

SCÈNE V

ARGAN, ANGÉLIQUE, TOINETTE

ARGAN se met dans sa chaise.

O ça, ma fille, je vay vous dire une nouvelle où

peut-estre ne vous attendez-vous pas. On vous demande en Mariage. Qu'est-ce que cela ? Vous riez. Cela est plaisant, oüy, ce mot de Mariage. Il n'y a rien de plus drôle pour les jeunes filles. Ah ! nature, nature ! A ce que je puis voir, ma Fille, je n'ay que faire de vous demander si vous voulez bien vous marier.

ANGÉLIQUE

Je dois faire, mon Père, tout ce qu'il vous plaira de m'ordonner.

ARGAN

Je suis bien aise d'avoir une Fille si obeïssante : la chose est donc concluë, et je vous ay promise.

ANGÉLIQUE

C'est à moy, mon Père, de suivre aveuglement toutes vos volontez.

ARGAN

Ma femme, vostre belle-Mère, avoit envie que je vous fisse Religieuse, et vostre petite sœur Louyson aussi ; et de tout temps elle a esté aheurtée à cela.

TOINETTE, *tout bas.*

La bonne beste a ses raisons.

ARGAN

Elle ne vouloit point consentir à ce mariage ; mais je l'ay emporté, et ma parole est donnée.

ANGÉLIQUE

Ah ! mon Père, que je vous suis obligée de toutes vos bontez.

TOINETTE

En vérité je vous sçay bon gré de cela, et voila l'action la plus sage que vous ayez faite de vôtre vie.

ARGAN

Je n'ay point encore veu la personne ; mais on m'a dit que j'en serois content, et toy aussi.

ANGÉLIQUE

Assurément, mon Pere.

ARGAN

Comment ! l'as-tu veu ?

ANGÉLIQUE

Puisque vostre consentement m'authorise à vous ouvrir mon cœur, je ne feindray point de vous dire que le hazard nous a fait connoistre, il y a six jours, et que la demande qu'on vous a faite est un effet de l'inclination que, dés cette première veuë, nous avons prise l'un pour l'autre

ARGAN

Ils ne m'ont pas dit cela, mais j'en suis bien aise, et c'est tant mieux que les choses soient de la sorte. Ils disent que c'est un grand jeune garçon bien fait.

ANGÉLIQUE

Oüy, mon pere.

ARGAN

De belle taille.

ANGÉLIQUE

Sans doute.

ARGAN

Agréable de sa personne.

ANGÉLIQUE

Assurément.

ARGAN

De bonne phisionomie.

ANGÉLIQUE

Tres-bonne.

ARGAN

Sage et bien né.

ANGÉLIQUE

Tout-à-fait.

ARGAN

Fort honneste.

ANGÉLIQUE

Le plus honneste du monde.

ARGAN

Qui parle bien Latin et Grec.

ANGÉLIQUE

C'est ce que je ne sçay pas.

ARGAN

Et qui sera reçeu Médecin dans trois jours.

ANGÉLIQUE

Luy, mon Père?

ARGAN

Oüy. Est-ce qu'il ne te l'a pas dit?

ANGÉLIQUE

Non, vrayment. Qui vous l'a dit, à vous?

ARGAN

Monsieur Purgon.

ANGÉLIQUE

Est-ce que Monsieur Purgon le connoist?

ARGAN

La belle demande! Il faut bien qu'il le connoisse, puisque c'est son neveu.

ANGÉLIQUE

Cléante, neveu de Monsieur Purgon?

ARGAN

Quel Cléante? Nous parlons de celuy pour qui l'on t'a demandée en mariage.

ANGÉLIQUE

Hé! oüy.

ARGAN

Hé bien ! c'est le neveu de M. Purgon, qui est le fils de son beau frère le Médecin, Monsieur Dyafoirus ; et ce fils s'appelle Thomas Dyafoirus, et non pas Cléante ; et nous avons conclu ce Mariage-là ce matin, Monsieur Purgon, Monsieur Fleurant et moy, et demain ce gendre prétendu doit m'estre amené par son Pere. Qu'est-ce ? Vous voila toute ébaubie !

ANGÉLIQUE

C'est, mon Père, que je connois que vous avez parlé d'une personne, et que j'ay entendu une autre.

TOINETTE

Quoy ! Monsieur, vous auriez fait ce dessein burlesque ? et, avec tout le bien que vous avez, vous voudriez marier vostre Fille avec un Médecin ?

ARGAN

Oüy. Dequoy te mesles-tu, coquine, impudente que tu es ?

TOINETTE

Mon Dieu ! tout doux. Vous allez d'abord aux invectives. Est-ce que nous ne pouvons pas raisonner ensemble sans nous emporter ? Là, parlons de sang froid. Quelle est vostre raison, s'il vous plaist, pour un tel Mariage ?

ARGAN

Ma raison est que, me voyant infirme et malade comme je suis, je veux me faire un gendre et des alliez Médecins, afin de m'appuyer de bons secours contre ma maladie, d'avoir dans ma famille les sources des remèdes qui me sont nécessaires, et d'estre à mesme des consultations et des ordonnances.

TOINETTE

Hé bien, voila dire une raison, et il y a plaisir à se répondre doucement les uns aux autres. Mais, Monsieur, mettez la main à la conscience. Est-ce que vous estes malade ?

ARGAN

Comment, coquine! si je suis malade! si je suis malade, impudente ?

TOINETTE

Hé bien, oüy, Monsieur, vous estes malade ; n'ayons point de querelle là-dessus. Oüy, vous estes fort malade, j'en demeure d'accord, et plus malade que vous ne pensez : voila qui est fait. Mais vostre Fille doit épouser un mary pour elle, et, n'estant point malade, il n'est point nécessaire de luy donner un Médecin.

ARGAN

C'est pour moy que je luy donne ce Médecin; et

une Fille de bon naturel doit estre ravie d'épouser ce qui est utile à la santé de son Père.

TOINETTE

Ma foy, Monsieur, voulez-vous qu'en amie je vous donne un conseil ?

ARGAN

Quel est-il, ce conseil ?

TOINETTE

De ne point songer à ce Mariage-là.

ARGAN

Hé la raison ?

TOINETTE

La raison, c'est que vostre Fille n'y consentira point.

ARGAN

Elle n'y consentira point ?

TOINETTE

Non.

ARGAN

Ma Fille ?

TOINETTE

Vostre Fille. Elle vous dira qu'elle n'a que faire de Monsieur Dyafoirus, ny de son fils Thomas Dyafoirus, ny de tous les Dyafoirus du monde.

ARGAN

J'en ay affaire, moy, outre que le party est plus avantageux qu'on ne pense : Monsieur Dyafoirus n'a que ce fils-là pour tout héritier; et de plus Monsieur Purgon, qui n'a ny femme ny enfans, luy donne tout son bien en faveur de ce Mariage; et Monsieur Purgon est un homme qui a huit mille bonnes livres de rente.

TOINETTE

Il faut qu'il ait tué bien des gens pour s'estre fait si riche.

ARGAN

Huit mille livres de rente sont quelque chose, sans compter le bien du Père.

TOINETTE

Monsieur, tout cela est bel et bon; mais j'en reviens toûjours-là. Je vous conseille entre-nous de luy choisir un autre mary, et elle n'est point faite pour estre Madame Dyafoirus.

ARGAN

Et je veux, moy, que cela soit.

TOINETTE

Eh! fy! ne dites pas cela!

ARGAN

Comment! que je ne dise pas cela?

TOINETTE

Hé! non.

ARGAN

Et pourquoy ne le diray-je pas?

TOINETTE

On dira que vous ne songez pas à ce que vous dites.

ARGAN

On dira ce qu'on voudra, mais je vous dis que je veux qu'elle exécute la parole que j'ay donnée.

TOINETTE

Non, je suis seure qu'elle ne le fera pas.

ARGAN

Je l'y forceray bien.

TOINETTE

Elle ne le fera pas, vous dy-je.

ARGAN

Elle le fera, ou je la mettray dans un Convent.

TOINETTE

Vous?

ARGAN

Moy.

TOINETTE

Bon!

ARGAN

Comment, bon?

TOINETTE

Vous ne la mettrez point dans un Convent.

ARGAN

Je ne la mettray point dans un Convent?

TOINETTE

Non!

ARGAN

Non!

TOINETTE

Non.

ARGAN

Oüais! Voicy qui est plaisant! Je ne mettray pas ma Fille dans un Convent, si je veux?

TOINETTE

Non, vous dis-je.

ARGAN

Qui m'en empeschera?

TOINETTE

Vous-mesme.

ARGAN

Moy?

TOINETTE

Oüy. Vous n'aurez pas ce cœur-là.

ARGAN

Je l'auray.

TOINETTE

Vous vous mocquez.

ARGAN

Je ne me mocque point.

TOINETTE

La tendresse paternelle vous prendra.

ARGAN

Elle ne me prendra point.

TOINETTE

Une petite larme ou deux, des bras jettez au coû, un « mon petit Papa mignon » prononcé tendrement, sera assez pour vous toucher.

ARGAN

Tout cela ne fera rien.

TOINETTE

Oüy, oüy.

ARGAN

Je vous dis que je n'en démordray point.

TOINETTE

Bagatelles.

ARGAN

Il ne faut point dire bagatelles.

TOINETTE

Mon Dieu, je vous connois, vous estes bon naturellement.

ARGAN, *avec emportement*.

Je ne suis point bon, et je suis méchant quand je veux.

TOINETTE

Doucement, Monsieur, vous ne songez pas que vous estes malade.

ARGAN

Je luy commande absolument de se préparer à prendre le mary que je dis.

TOINETTE

Et moy, je luy défens absolument d'en faire rien.

ARGAN

Où est-ce donc que nous sommes ? et quelle audace est-ce là à une coquine de Servante de parler de la sorte devant son Maistre.

TOINETTE

Quand un Maistre ne songe pas à ce qu'il fait, une Servante bien sensée est en droit de le redresser.

ARGAN *court après Toinette.*

Ah ! insolente, il faut que je t'assomme.

TOINETTE *se sauve de luy.*

Il est de mon devoir de m'opposer aux choses qui vous peuvent des-honorer.

ARGAN, *en colère, court après elle autour de sa chaise, son bâton à la main.*

Vien, vien, que je t'apprenne à parler.

TOINETTE, *courant et se sauvant du costé de la chaise où n'est pas Argan.*

Je m'intéresse, comme je doy, à ne vous point laisser faire de folie.

ARGAN

Chienne !

TOINETTE

Non, je ne consentiray jamais à ce Mariage.

ARGAN

Pendarde !

TOINETTE

Je ne veux point qu'elle épouse vostre Thomas Dyafoirus.

ARGAN

Carogne !

TOINETTE

Et elle m'obéïra plustost qu'à vous.

ARGAN

Angélique, tu ne veux pas m'arrester cette coquine-là?

ANGÉLIQUE

Eh! mon père, ne vous faites point malade.

ARGAN

Si tu ne me l'arrestes, je te donneray ma malediction.

TOINETTE

Et moy, je la desheriteray si elle vous obeït.

ARGAN *se jette dans sa chaise.*

Ah! ah! je n'en puis plus. Voila pour me faire mourir.

SCÈNE VI

BELINE, ANGÉLIQUE, TOINETTE, ARGAN

ARGAN

Ah! ma femme, approchez.

BELINE

Qu'avez-vous, mon pauvre mary?

ARGAN

Venez-vous en icy à mon secours.

BELINE

Qu'est-ce que c'est donc qu'il y a, mon petit fils ?

ARGAN

Mamie.

BELINE

Mon amy.

ARGAN

On vient de me mettre en colère.

BELINE

Helas ! pauvre petit mary ! Comment donc, mon amy ?

ARGAN

Vostre coquine de Toinette est devenuë plus insolente que jamais.

BELINE

Ne vous passionnez donc point.

ARGAN

Elle m'a fait enrager, mamie.

BELINE

Doucement, mon fils.

ARGAN

Elle a contrequarré une heure durant les choses que je veux faire.

BELINE

Là, là, tout doux!

ARGAN

Et a eu l'effronterie de me dire que je ne suis point malade.

BELINE

C'est une impertinente.

ARGAN

Vous sçavez, mon cœur, ce qui en est.

BELINE

Oüy, mon cœur, elle a tort.

ARGAN

Mamour, cette coquine-là me fera mourir.

BELINE

Eh là, eh là!

ARGAN

Elle est cause de toute la bile que je fais.

BELINE

Ne vous fâchez point tant.

ARGAN

Et il y a je ne sçay combien que je vous dis de me la chasser.

BELINE

Mon Dieu, mon fils, il n'y a point de Serviteurs et de Servantes qui n'ayent leurs défauts. On est contraint parfois de souffrir leurs mauvaises qualitez à cause des bonnes. Celle-cy est adroite, soigneuse, diligente, et sur tout fidelle ; et vous sçavez qu'il faut maintenant de grandes précautions pour les gens que l'on prend. Hola ! Toinette !

TOINETTE

Madame.

BELINE

Pourquoy donc est-ce que vous mettez mon mary en colère ?

TOINETTE, *d'un ton doucereux.*

Moy, Madame ? Helas ! je ne sçay pas ce que vous me voulez dire, et je ne songe qu'à complaire à Monsieur en toutes choses.

ARGAN

Ah ! la traistresse !

TOINETTE

Il nous a dit qu'il vouloit donner sa Fille en Mariage au fils de Monsieur Dyafoirus : je luy ay répondu que je trouvois le party avantageux pour elle, mais que je croyois qu'il feroit mieux de la mettre dans un Convent.

BELINE

Il n'y a pas grand mal à cela, et je trouve qu'elle a raison.

ARGAN

Ah! mamour, vous la croyez! C'est une scélérate; elle m'a dit cent insolences.

BELINE

Hé bien, je vous crois, mon amy. Là, remettez-vous. Ecoutez, Toinette : si vous fâchez jamais mon mary, je vous mettray dehors. Ç'a, donnez-moy son manteau fourré et des oreillers, que je l'accommode dans sa chaise. Vous voila je ne sçay comment. Enfoncez bien vostre bonnet jusques sur vos oreilles; il n'y a rien qui enrhume tant que de prendre l'air par les oreilles.

ARGAN

Ah! mamie, que je vous suis obligé de tous les soins que vous prenez de moy!

BELINE, *accommodant les oreillers qu'elle met autour d'Argan.*

Levez-vous, que je mette cecy sous vous. Mettons celuy-cy pour vous appuyer, et celuy-là de l'autre costé. Mettons celuy-cy derriere vostre dos, et cet autre-là pour soûtenir vostre teste.

TOINETTE, *luy mettant rudement un oreiller sur la teste, et puis fuyant.*
Et celuy-cy pour vous garder du serein.

ARGAN *se lève en colère, et jette tous les oreillers à Toinette.*
Ah! coquine, tu veux m'étouffer.

BELINE
Eh là, eh là! Qu'est-ce que c'est donc?

ARGAN *tout essoufflé se jette dans sa chaise.*
Ah! ah! ah! je n'en puis plus.

BELINE
Pourquoy vous emporter ainsi? Elle a crû faire bien.

ARGAN
Vous ne connoissez pas, mamour, la malice de la pendarde. Ah! elle m'a mis tout hors de moy; et il faudra plus de huit médecines et de douze lavemens pour réparer tout cecy.

BELINE
Là, là, mon petit amy, appaisez-vous un peu.

ARGAN
Mamie, vous estes toute ma consolation.

BELINE
Pauvre petit fils!

ARGAN

Pour tâcher de reconnoistre l'amour que vous me portez, je veux, mon cœur, comme je vous ay dit, faire mon Testament.

BELINE

Ah! mon amy, ne parlons point de cela, je vous prie; je ne sçaurois souffrir cette pensée, et le seul mot de Testament me fait tressaillir de douleur.

ARGAN

Je vous avois dit de parler pour cela à vostre Notaire.

BELINE

Le voila là-dedans que j'ay amené avec moy.

ARGAN

Faites-le donc entrer, mamour.

BELINE

Helas! mon amy, quand on ayme bien un mary, on n'est guères en estat de songer à tout cela.

SCÈNE VII

Cette Scène entiere n'est point, dans les Editions précédentes, de la Prose de Monsieur Molière ; la voicy restablie sur l'original de l'Autheur.

LE NOTAIRE, BELINE, ARGAN

ARGAN

Approchez, Monsieur de Bonnefoy, approchez. Prenez un siege, s'il vous plaist. Ma femme m'a dit, Monsieur, que vous estiez fort honneste homme, et tout-à-fait de ses amis ; et je l'ay chargée de vous parler pour un Testament que je veux faire.

BELINE

Helas ! je ne suis point capable de parler de ces choses-là.

LE NOTAIRE

Elle m'a, Monsieur, expliqué vos intentions et le dessein où vous estes pour elle ; et j'ay à vous dire là-dessus que vous ne sçauriez rien donner à vostre femme par vostre Testament.

ARGAN

Mais pourquoy ?

LE NOTAIRE

La Coûtume y resiste. Si vous estiez en païs de

Droit écrit, cela se pourroit faire; mais à Paris et dans les païs Coûtumiers, au moins dans la pluspart, c'est ce qui ne se peut, et la disposition seroit nulle. Tout l'avantage qu'homme et femme conjoints par Mariage se peuvent faire l'un à l'autre, c'est un don mutuel entre-vifs; encore faut-il qu'il n'y ait enfans, soit des deux conjoints, ou de l'un d'eux, lors du decés du premier mourant.

ARGAN

Voila une Coûtume bien impertinente, qu'un mary ne puisse rien laisser à une femme dont il est aymé tendrement, et qui prend de luy tant de soin! J'aurois envie de consulter mon Avocat pour voir comment je pourrois faire.

LE NOTAIRE

Ce n'est point à des Avocats qu'il faut aller, car ils sont d'ordinaire sévères là-dessus, et s'imaginent que c'est un grand crime que de disposer en fraude de la Loy. Ce sont gens de difficultez, et qui sont ignorans des détours de la conscience. Il y a d'autres personnes à consulter qui sont bien plus accommodantes, qui ont des expédiens pour passer doucement par dessus la Loy et rendre juste ce qui n'est pas permis, qui sçavent applanir les difficultez d'une affaire et trouver des moyens d'éluder la Coûtume par quelque avantage indirect. Sans cela, où en serions-nous tous les jours ? Il faut de la facilité dans les choses ; autrement nous ne ferions rien, et je ne donnerois pas un soû de nostre mestier.

ARGAN

Ma femme m'avoit bien dit, Monsieur, que vous estiez fort habile et fort honneste homme. Comment puis-je faire, s'il vous plaist, pour lui donner mon bien et en frustrer mes enfans ?

LE NOTAIRE

Comment vous pouvez faire ? Vous pouvez choisir doucement un amy intime de vostre femme, auquel vous donnerez en bonne forme par vôtre Testament tout ce que vous pouvez ; et cet amy en suite luy rendra tout. Vous pouvez encore contracter un grand nombre d'obligations non suspectes au profit de divers Créanciers, qui presteront leur nom à vostre femme, et entre les mains de laquelle ils mettront leur déclaration que ce qu'ils en ont fait n'a esté que pour luy faire plaisir. Vous pouvez aussi, pendant que vous estes en vie, mettre entre ses mains de l'argent comptant, ou des billets que vous pourrez avoir payables au porteur.

BELINE

Mon Dieu ! il ne faut point vous tourmenter de

tout cela. S'il vient faute de vous, mon fils, je ne veux plus rester au monde.

ARGAN

Mamie!

BELINE

Oüy, mon amy, si je suis assez mal-heureuse pour vous perdre...

ARGAN

Ma chère femme!

BELINE

La vie ne me sera plus de rien.

ARGAN

Mamour!

BELINE

Et je suivray vos pas pour vous faire connoistre la tendresse que j'ay pour vous.

ARGAN

Mamie, vous me fendez le cœur. Consolez-vous, je vous en prie.

LE NOTAIRE

Ces larmes sont hors de saison, et les choses n'en sont point encore là.

BELINE

Ah! Monsieur, vous ne sçavez pas ce que c'est qu'un mary qu'on ayme tendrement.

ARGAN

Tout le regret que j'auray, si je meurs, mamie, c'est de n'avoir point un enfant de vous. Monsieur Purgon m'avoit dit qu'il m'en feroit faire un.

LE NOTAIRE

Cela pourra venir encore.

ARGAN

Il faut faire mon Testament, mamour, de la façon que Monsieur dit; mais par précaution je veux vous mettre entre les mains vingt mille francs en or, que j'ay dans le lambris de mon alcove, et deux billets payables au porteur, qui me sont dûs, l'un par Monsieur Damon, et l'autre par Monsieur Géronte.

BELINE

Non, non, je ne veux point de tout cela. Ah! combien dites-vous qu'il y a dans votre alcove?

ARGAN

Vingt mille francs, mamour.

BELINE

Ne me parlez point de bien, je vous prie. Ah! de combien sont les deux billets?

ARGAN

Ils sont, mamie, l'un de quatre mille francs, et l'autre de six.

BELINE

Tous les biens du monde, mon amy, ne me sont rien au prix de vous.

LE NOTAIRE

Voulez-vous que nous procédions au Testament?

ARGAN

Oüy, Monsieur; mais nous serons mieux dans mon petit cabinet. Mamour, conduisez-moy, je vous prie.

BELINE

Allons, mon pauvre petit fils.

SCÈNE VIII

Cette Scène n'est point, dans les Editions précèdentes, de la Prose de Monsieur Molière; la voicy restablie sur l'original de l'Autheur.

ANGÉLIQUE, TOINETTE

TOINETTE

Les voila avec un Notaire, et j'ay oüy parler de Testament. Vostre belle-Mère ne s'endort point, et c'est sans doute quelque conspiration contre vos intérests où elle pousse vostre Père.

ANGÉLIQUE

Qu'il dispose de son bien à sa fantaisie, pourveu

qu'il ne dispose point de mon cœur. Tu vois, Toinette, les desseins violens ue l'on fait sur lu . Ne m'abandonne point, je te prie, dans l'extrémité où je suis.

TOINETTE

Moy, vous abandonner ? j'aymerois mieux mourir. Vostre belle-Mere a beau me faire sa confidente et me vouloir jetter dans ses intérests, je n'ay jamais pû avoir d'inclination pour elle, et j'ay toûjours esté de vostre party. Laissez-moy faire, j'employray toute chose pour vous servir ; mais, pour vous servir avec plus d'effet, je veux changer de batterie, couvrir le zèle que j'ay pour vous, et feindre d'entrer dans les sentimens de vostre Père et de vostre belle-Mère.

ANGÉLIQUE

Tâche, je t'en conjure, de faire donner avis à Cléante du Mariage qu'on a conclu.

TOINETTE

Je n'ay personne à employer à cet office que le vieux usurier Polichinelle, mon Amant, et il m'en coûtera pour cela quelques paroles de douceur, que je veux bien despencer pour vous. Pour aujourd'huy il est trop tard ; mais demain, du grand matin, je l'envoiray querir, et il sera ravy de...

BELINE

T...!

TOINETTE

Voila qu'on m'appelle. Bonsoir. Reposez-vous sur moy.

(*Le Théatre change et représente une Ville.*)

PREMIER INTERMÈDE

Polichinelle, dans la nuit, vient pour donner une Sérénade à sa Maistresse. Il est interrompu d'abord par des Violons, contre lesquels il se met en colère, et ensuite par le Guet, composé de Musiciens et de Dançeurs.

POLICHINELLE

O amour, amour, amour, amour ! Pauvre Polichinelle, quelle Diable de fantaisie t'es-tu allé mettre dans la cervelle ? A quoy t'amuses-tu, miserable insensé que tu es ? Tu quittes le soin de ton négoce, et tu laisses aller tes affaires à l'abandon. Tu ne manges plus, tu ne bois presque plus, tu pers le repos de la nuit, et tout cela pour qui ? Pour une Dragonne, franche Dragonne ; une Diablesse qui te rembarre et se mocque de tout ce que tu peux luy dire. Mais il n'y a point à raisonner là-dessus : Tu le veux, Amour ; il faut estre fou comme beaucoup d'autres. Cela n'est pas le mieux du monde à un homme de mon âge ; mais qu'y faire ?

On n'est pas sage quand on veut, et les vieilles cervelles se démontent comme les jeunes.

Je viens voir si je ne pourray point adoucir ma tigresse par une sérénade. Il n'y a rien parfois qui soit si touchant qu'un Amant qui vient chanter ses doléances aux gons et aux verroux de la porte de sa Maîtresse. Voicy dequoy accompagner ma voix. O nuit, ô chère nuit, porte mes plaintes amoureuses jusques dans le lit de mon inflexible.

(*Il chante ces paroles.*)

Notte'e di v'amo e v'adoro.
Cerco'un si per mio ristoro;
 Ma se voi dite di no,
 Bell' ingrata, io moriro.

 Fra la speranza
 S'afflige'il cruore,
 In lontananza
 Consuma l'hore;
 Si dolce inganno
 Che mi figura
 Breve l'affanno
 Ahi troppo dura.
Cosi per tropp' amar languisco e muoro.

Notte' e di v'amo'e v'adoro.
Cerco'un si per mio ristoro;
Mà servoi dite di no,
Bell' ingrata, jo moriro.

Se non dormite,
Al men pensate
Alle ferite
Ch'al cuor mifate;
Deh almen fingete
Permio conforto,
Se m'uccideto
D'haver il torto :
Vostra pietà mi scemerà il martoro.

Notte'e di v'amo' e v'adoro
Cerco'un si per mio ristoro;
Mà sevoi dite di no,
Bell' ingrata, jo moriro.

Une vieille se présente à la fenestre, et répond au Seignor Polichinelle en se mocquant de luy.

Zerbinetti, ch' ogn' hor confinti sguardi,
Mintiti desiri,

Fallaci sospiri
Accenti Buggiardi,
Difede vi preggiate,
Ah che non m'ingannate.
Che giù so per prova,
Ch' in voi non si trova
Constanza nè fede;
Oh quanto'è pazza colei che vi crede!

Quei sguardi languidi
Non m'innamorano,
Quei sospir fervidi
Più non m'infiammano;
Vel giuro'a fè.
Zerbino misero,
Del vostro piangere
Il mio cor libero
Vuol sempre ridere.
Crede t'à me
Chegiaso per prova
Chin voi non si trova
Costanza ne fede;
Oh quanto è pazza colei che vi crede!

(*Violons.*)

POLICHINELLE

Quelle impertinente harmonie vient interrompre icy ma voix ?

(*Violons.*)

POLICHINELLE

Paix-là ! taisez-vous, Violons. Laissez-moy me plaindre à mon ayse des cruautez de mon inexorable.

(*Violons.*)

POLICHINELLE

Taisez-vous, vous dy-je ! C'est moy qui veux chanter.

(*Violons.*)

POLICHINELLE

Paix donc !

(*Violons.*)

POLICHINELLE

Ouais !

(*Violons.*)

POLICHINELLE

Aḥy !

(*Violons.*)

POLICHINELLE

Est-ce pour rire ?

(*Violons.*)

POLICHINELLE

Ah! que de bruit!

(*Violons.*)

POLICHINELLE

Le Diable vous emporte!

(*Violons.*)

POLICHINELLE

J'enrage!

(*Violons.*)

POLICHINELLE

Vous ne vous tairez pas? Ah! Dieu soit loüé!

(*Violons.*)

POLICHINELLE

Encore?

(*Violons.*)

POLICHINELLE

Peste des Violons!

(*Violons.*)

POLICHINELLE

La sotte Musique que voila!

(*Violons.*)

POLICHINELLE [*chantant pour se moquer des Violons*].

La, la, la, la, la, la.

(*Violons.*)

POLICHINELLE

La, la, la, la, la, la.

(*Violons.*)

POLICHINELLE

La, la, la, la, la, la, la, la.

(*Violons.*)

POLICHINELLE

La, la, la, la, la.

(*Violons.*)

POLICHINELLE

La, la, la, la, la, la.

(*Violons.*)

POLICHINELLE *avec un Luth, dont il ne joue que des lèvres et de la langue, en disant :* plin, tan, plan, *etc.*

Par ma foy, cela me divertit. Poursuivez, Messieurs les Violons, vous me ferez plaisir. Allons donc, continuez, je vous en prie. Voila le moyen de les faire taire. La Musique est accoustumée à ne point faire ce qu'on veut. Ho! sus à nous! Avant que de chanter, il faut que je prélude un peu et jouë quelque pièce, afin de mieux prendre mon ton. Plan, plan, plan. Plin, plin, plin. Voila un temps fascheux pour mettre un Luth d'accord. Plin, plin, plin. Plin, tan, plan. Plin, plin. Les cordes ne tiennent point par ce temps-là. Plin, plan. J'entens du bruit. Mettons mon Luth contre la porte.

ARCHERS, *passans dans la ruë, accourent au bruit qu'ils entendent, et demandent* [*en chantant*] :

Qui va-là ? qui va-là ?

POLICHINELLE, *tout bas.*

Qui diable est cela ? Est-ce que c'est la mode de parler en Musique ?

ARCHERS

Qui va-là ? qui va-là ? qui va-là ?

POLICHINELLE, *épouvanté,*

Moy, moy, moy.

ARCHERS

Qui va-là ? qui va-là ? vous dy-je.

POLICHINELLE

Moy, moy, vous dy-je.

ARCHERS

Et qui toy ? et qui toy ?

POLICHINELLE

Moy, moy, moy, moy, moy, moy.

ARCHERS

Dy ton nom, dy ton nom, sans davantage attendre.

POLICHINELLE, *feignant d'estre bien hardy.*

Mon nom est « Va te faire pendre ».

ARCHERS

Icy, camarade, icy.
Saisissons l'insolent qui nous répond ainsi.

ENTRÉE DE BALLET

Tout le Guet vient qui cherche Polichinelle dans la nuit.

(*Violons et Dançeurs.*)

POLICHINELLE

Qui va-là ?

(*Violons et Dançeurs.*)

POLICHINELLE

Qui sont les coquins que j'entens ?

(*Violons et Dançeurs.*)

POLICHINELLE

Euh !

(*Violons et Dançeurs.*)

POLICHINELLE

Holà ! mes Laquais, mes gens !

(*Violons et Dançeurs.*)

POLICHINELLE

Par la mort!

(*Violons et Dançeurs.*)

POLICHINELLE

Par la sang!

(*Violons et Dançeurs.*)

POLICHINELLE

J'en jetteray par terre.

(*Violons et Dançeurs.*)

POLICHINELLE

Champagne, Poitevin, Picard, Basque, Breton!

(*Violons et Dançeurs.*)

POLICHINELLE

Donnez-moy mon Mousqueton.

(*Violons et Dançeurs.*)

POLICHINELLE *fait semblant de tirer un coup de pistolet*

Pouë!

(*Ils tombent tous et s'enfuyent.*)

POLICHINELLE, *en se mocquant.*

Ah! ah! ah! ah! comme je leur ay donné l'épouvante! Voila de sottes gens d'avoir peur de moy qui ay peur des autres. Ma foy, il n'est que de joüer d'adresse en ce monde. Si je n'avois tranché du grand

Seigneur et n'avois fait le brave, ils n'auroient pas
manqué de me haper. Ah! ah! ah!

(*Les archers se rapprochent, et, ayant entendu ce qu'il disoit, ils le saisissent au collet.*)

ARCHERS

Nous le tenons; à nous, Camarades, à nous!
Dépechez, de la lumiere!

BALLET

Tout le guet vient avec des lanternes.

ARCHERS

Ah! traistre! ah! fripon! c'est donc vous?
Faquin, maraut, pendart, impudent, téméraire,
Insolent, effronté, coquin, filou, voleur!
Vous osez nous faire peur!

POLICHINELLE

Messieurs, c'est que j'estois yvre.

ARCHERS

Non, non, non, point de raison.
Il faut vous aprendre à vivre.
En prison, viste, en prison.

POLICHINELLE

Messieurs, je ne suis point voleur.

ARCHERS

En prison.

POLICHINELLE

Je suis un Bourgeois de la ville.

ARCHERS

En prison.

POLICHINELLE

Qu'ay-je fait ?

ARCHERS

En prison, viste, en prison.

POLICHINELLE

Messieurs, laissez-moy aller.

ARCHERS

Non.

POLICHINELLE

Je vous prie.

ARCHERS

Non.

POLICHINELLE

Eh !

ARCHERS

Non.

POLICHINELLE

De grace!

ARCHERS

Non, non.

POLICHINELLE

Messieurs...

ARCHERS

Non, non, non.

POLICHINELLE

S'il vous plaist!

ARCHERS

Non, non.

POLICHINELLE

Par Charité!

ARCHERS

Non, non.

POLICHINELLE

Au nom du Ciel!

ARCHERS

Non, non.

POLICHINELLE

Miséricorde!

ARCHERS

Non, non, non, point de raison.
Il faut vous aprendre à vivre.
En prison, viste, en prison.

POLICHINELLE

Eh ! n'est-il rien, Messieurs, qui soit capable d'attendrir vos ames ?

ARCHERS

Il est aysé de nous toucher,
Et nous sommes humains plus qu'on ne sçauroit croire.
Donnez-nous doucement six pistoles pour boire
Nous allons vous lacher.

POLICHINELLE

Helas! Messieurs, je vous asseure que je n'ay pas un soû sur moy.

ARCHERS

Au deffaut de six pistoles,
Choisissez donc, sans façon,
D'avoir trente croquignoles
Ou douze coups de baston.

POLICHINELLE

Si c'est une nécessité, et qu'il faille en passer par là, je choisis les croquignoles.

ARCHERS

Allons, preparez-vous,
Et comptez bien les coups.

BALLET

Archers Dançeurs luy donnent des croquignoles en cadence.

POLICHINELLE

Vn et deux, Trois et quatre, Cinq et six, Sept et huit, Neuf et dix, Onze et douze et treize, et quatorze et quinze.

ARCHERS

Ah! ah! vous en voulez passer;
Allons, c'est à recommencer.

POLICHINELLE

Ah! Messieurs, ma pauvre teste n'en peut plus, et vous venez de me la rendre comme une pomme cuite. J'ayme mieux encore les coups de bastons que de recommencer.

ARCHERS

Soit, puisque le baston est pour vous plus charmant,
Vous aurez contentement.

BALLET

Les Archers Dançeurs luy donnent des coups de bastons en cadence.

POLICHINELLE

Un, deux, trois, quatre, cinq, six, ah! ah! ah! je

n'y sçaurois plus résister. Tenez, Messieurs, voila six pistoles que je vous donne.

ARCHERS

Ah! l'honneste homme! ah! l'ame noble et belle!
Adieu, Seigneur, adieu, Seigneur Polichinelle.

POLICHINELLE

Messieurs, je vous donne le bon-soir.

ARCHERS

Adieu, Seigneur, adieu, Seigneur Polichinelle.

POLICHINELLE

Vostre serviteur.

ARCHERS

Adieu, Seigneur, adieu, Seigneur Polichinelle.

POLICHINELLE

Tres humble valet.

ARCHERS

Adieu, Seigneur, adieu, Seigneur Polichinelle.

POLICHINELLE

Jusqu'au revoir.

BALLET

Ils dançent tous en réjoüissance de l'argent qu'ils ont reçeu.

(*Le Théatre change et représente la mesme Chambre.*)

ACTE II

SCÈNE PREMIÈRE

TOINETTE, CLÉANTE

TOINETTE

UE demandez-vous, Monsieur ?

CLÉANTE
Ce que je demande ?

TOINETTE
Ah! ah! c'est vous ? Quelle surprise ! Que venez-vous faire céans ?

CLÉANTE

Sçavoir ma destinée, parler à l'aymable Angélique, consulter les sentimens de son cœur, et luy demander ses résolutions sur ce Mariage fatal dont on m'a averty.

TOINETTE

Oüy; mais on ne parle pas comme cela de but en blanc à Angélique; il y faut des mystères, et l'on vous a dit l'étroite garde où elle est retenüe, qu'on ne la laisse ny sortir ny parler à personne, et que ce ne fut que la curiosité d'une vieille Tante qui nous fit accorder la liberté d'aller à cette Comedie qui donna lieu à la naissance de vostre passion; et nous nous sommes bien gardez de parler de cette avanture.

CLÉANTE

Aussi ne viens-je pas icy comme Cléante, et sous l'apparence de son Amant, mais comme amy de son Maistre de Musique, dont j'ay obtenu le pouvoir de dire qu'il m'envoye à sa place.

TOINETTE

Voicy son Père. Retirez-vous un peu, et me laissez luy dire que vous estes là.

SCÈNE II

ARGAN, TOINETTE, CLÉANTE

ARGAN

Monsieur Purgon m'a dit de me promener le matin dans ma chambre douze allées et douze venuës ; mais j'ay oublié à luy demander si c'est en long ou en large.

TOINETTE

Monsieur, voila un...

ARGAN

Parle bas, pendarde ! tu viens m'ébranler tout le cerveau, et tu ne songes pas qu'il ne faut point parler si haut à des malades.

TOINETTE

Je voulois vous dire, Monsieur...

ARGAN

Parle bas, te dy-je.

TOINETTE

Monsieur...

(*Elle fait semblant de parler.*)

ARGAN

Eh ?

TOINETTE

Je vous dis que...

(*Elle fait semblant de parler.*)

ARGAN

Qu'est-ce que tu dis ?

TOINETTE, *haut.*

Je dis que voila un homme qui veut parler à vous.

ARGAN

Qu'il vienne.

(*Toinette fait signe à Cléante d'avancer.*)

CLÉANTE

Monsieur...

TOINETTE, *raillant.*

Ne parlez pas si haut, de peur d'ébranler le cerveau de Monsieur.

CLÉANTE

Monsieur, je suis ravy de vous trouver debout, et de voir que vous vous portez mieux.

TOINETTE, *feignant d'estre en colère.*

Comment, qu'il se porte mieux ? Cela est faux. Monsieur se porte toûjours mal.

CLÉANTE

J'ay oüy dire que Monsieur estoit mieux, et je luy trouve bon visage.

TOINETTE

Que voulez-vous dire avec vostre bon visage ? Monsieur l'a fort mauvais, et ce sont des impertinens qui vous ont dit qu'il estoit mieux. Il ne s'est jamais si mal porté.

ARGAN

Elle a raison.

TOINETTE

Il marche, dort, mange et boit tout comme les autres ; mais cela n'empesche pas qu'il ne soit fort malade.

ARGAN

Cela est vray.

CLÉANTE

Monsieur, j'en suis au désespoir. Je viens de la part du Maistre à chanter de Mademoiselle vôtre Fille. Il s'est veu obligé d'aller à la Campagne pour quelques jours, et, comme son amy intime, il m'envoye à sa place pour luy continuer ses leçons, de peur qu'en les interrompant elle ne vinst à oublier ce qu'elle sçait déja.

ARGAN

Fort bien. Appellez Angélique.

TOINETTE

Je croy, Monsieur, qu'il sera mieux de mener Monsieur à sa chambre.

ARGAN

Non, faites-la venir.

TOINETTE

Il ne pourra luy donner leçon comme il faut s'ils ne sont en particulier.

ARGAN

Si fait, si fait.

TOINETTE

Monsieur, cela ne fera que vous étourdir, et il ne faut rien pour vous émouvoir en l'estat où vous estes et vous ébranler le cerveau.

ARGAN

Point, point, j'ayme la Musique, et je seray bien aise de... Ah ! la voicy. Allez vous-en voir, vous, si ma femme est habillée.

SCÈNE III

ARGAN, ANGÉLIQUE, CLÉANTE

ARGAN

Venez, ma Fille, vostre Maistre de Musique est allé aux champs, et voila une personne qu'il envoye à sa place pour vous montrer.

ANGÉLIQUE

Ah! Ciel!

ARGAN

Qu'est-ce ? D'où vient cette surprise ?

ANGÉLIQUE

C'est...

ARGAN

Quoy ? Qui vous émeut de la sorte ?

ANGÉLIQUE

C'est, mon Pére, une avanture surprenante qui se rencontre icy.

ARGAN

Comment ?

ANGÉLIQUE

J'ay songé cette nuit que j'estois dans le plus grand embarras du monde, et qu'une personne faite tout comme Monsieur s'est présentée à moy, à qui j'ay demandé secours, et qui m'est venu tirer de la peine où j'estois; et ma surprise a esté grande de voir inopinément en arrivant icy ce que j'ay eu dans l'idée toute la nuit.

CLÉANTE

Ce n'est pas estre mal-heureux que d'occuper vôtre pensée, soit en dormant, soit en veillant; et mon bonheur seroit grand sans doute si vous estiez dans quelque peine dont vous me jugeassiez digne de vous tirer ; et il n'y a rien que je ne fisse pour...

SCÈNE IV

TOINETTE, CLÉANTE, ANGÉLIQUE, ARGAN

TOINETTE, *par dérision*.

Ma foy, Monsieur, je suis pour vous maintenant, et je me dédis de tout ce que je disois hier. Voicy Monsieur Dyafoirus le Pere et Monsieur Dyafoirus le Fils qui viennent vous rendre visite. Que vous serez bien engendré ! Vous allez voir le garçon le mieux fait du monde et le plus spirituel. Il n'a dit que deux mots, qui m'ont ravie, et vostre Fille va estre charmée de luy.

ARGAN, *à Cléante qui feint de vouloir s'en aller*.

Ne vous en allez point, Monsieur. C'est que je marie ma Fille, et voila qu'on luy ameine son prétendu mary, qu'elle n'a point encore veu.

CLÉANTE

C'est m'honorer beaucoup, Monsieur, de vouloir que je sois témoin d'une entreveuë si agréable.

ARGAN

C'est le fils d'un habile Médecin, et le Mariage se fera dans quatre jours.

CLÉANTE

Fort bien.

ARGAN

Mandez-le un peu à son Maistre de Musique, afin qu'il se trouve à la Nopce.

CLÉANTE

Je n'y manqueray pas.

ARGAN

Je vous y prie aussi.

CLÉANTE

Vous me faites beaucoup d'honneur.

TOINETTE

Allons, qu'on se range ; les voicy.

SCÈNE V

Monsieur DYAFOIRUS, THOMAS DYAFOIRUS, ARGAN
ANGÉLIQUE, CLÉANTE, TOINETTE

ARGAN, *mettant la main à son bonnet sans l'oster.*

Monsieur Purgon, Monsieur, m'a défendu de découvrir ma teste. Vous estes du métier, vous sçavez les conséquences.

MONSIEUR DYAFOIRUS

Nous sommes dans toutes nos visites pour porter secours aux malades, et non pour leur porter de l'incommodité.

ARGAN

Je reçois, Monsieur...

(*Ils parlent tous deux en mesme temps, s'interrompent et confondent.*)

MONSIEUR DYAFOIRUS

Nous venons icy, Monsieur...

ARGAN

Avec beaucoup de joye...

MONSIEUR DYAFOIRUS

Mon fils Thomas et moy...

ARGAN

L'honneur que vous me faites...

MONSIEUR DYAFOIRUS

Vous témoigner, Monsieur...

ARGAN

Et j'aurois souhaité...

MONSIEUR DYAFOIRUS

Le ravissement où nous sommes...

ARGAN

De pouvoir aller chez vous...

Monsieur DYAFOIRUS

De la grace que vous nous faites...

ARGAN

Pour vous en assurer...

Monsieur DYAFOIRUS

De vouloir bien nous recevoir...

ARGAN

Mais vous sçavez, Monsieur...

Monsieur DYAFOIRUS

Dans l'honneur, Monsieur...

ARGAN

Ce que c'est qu'un pauvre malade...

Monsieur DYAFOIRUS

De vostre alliance...

ARGAN

Qui ne peut faire autre chose...

Monsieur DYAFOIRUS.

Et vous assurer...

ARGAN

Que de vous dire icy...

Monsieur DYAFOIRUS

Que dans les choses qui dépendront de nostre mestier...

ARGAN

Qu'il cherchera toutes les occasions...

Monsieur DYAFOIRUS

De mesme qu'en toute autre...

ARGAN

De vous faire connoistre, Monsieur...

Monsieur DYAFOIRUS

Nous serons toûjours prests, Monsieur...

ARGAN

Qu'il est tout à vostre service...

Monsieur DYAFOIRUS

A vous témoigner nostre zele. (*Il se retourne vers son fils et luy dit :*) Allons, Thomas, avancez. Faites vos complimens.

THOMAS DYAFOIRUS *est un grand benest nouvellement sorty des escoles, qui fait toutes choses de mauvaise grace et à contre-temps.*

N'est-ce pas par le Père qu'il convient commencer ?

Monsieur DYAFOIRUS

Oüy.

THOMAS DYAFOIRUS

Monsieur, je viens saluër, reconnoistre, chérir et

reverer en vous un second Père, mais un second Père auquel j'ose dire que je me trouve plus redevable qu'au premier. Le premier m'a engendré, mais vous m'avez choisy. Il m'a reçeu par necessité, mais vous m'avez accepté par grace. Ce que je tiens de luy est un ouvrage de son corps, mais ce que je tiens de vous est un ouvrage de vostre volonté ; et, d'autant plus que les facultez spirituelles sont au dessus des corporelles, d'autant plus je vous dois, et d'autant plus je tiens précieuse cette future filiation, dont je viens aujourd'huy vous rendre par avance les tres-humbles et tres-respectueux hommages.

TOINETTE

Vive les Collèges, d'où l'on sort si habile homme !

THOMAS DYAFOIRUS

Cela a-t-il bien esté, mon Père ?

Monsieur DYAFOIRUS

Optime.

ARGAN, *à Angélique.*

Allons, saluez Monsieur.

THOMAS DYAFOIRUS

Baiseray-je ?

Monsieur DYAFOIRUS

Oüy, oüy.

THOMAS DYAFOIRUS, *à Angélique.*

Madame, c'est avec justice que le Ciel vous a concédé le nom de Belle-Mere, puisque l'on...

ARGAN

Ce n'est pas ma femme, c'est ma Fille à qui vous parlez.

THOMAS DYAFOIRUS

Où donc est-elle ?

ARGAN

Elle va venir.

THOMAS DYAFOIRUS

Attendray-je, mon Pere, qu'elle soit venuë ?

Monsieur DYAFOIRUS

Faites toûjours le compliment de Mademoiselle.

THOMAS DYAFOIRUS

Mademoiselle, ne plus ne moins que la statuë de Memnon rendoit un son harmonieux lors qu'elle venoit à estre éclairée des rayons du Soleil : Tout de mesme me sens-je animé d'un doux transport à l'apparition du Soleil de vos beautez. Et, comme les Naturalistes remarquent que la fleur nommée Heliotrope tourne sans cesse vers cet Astre du jour, aussi mon cœur dores-en-avant tournera-t-il toûjours vers les Astres resplandissans de vos yeux adorables, ainsi que vers son Pôle unique. Souffrez donc, Mademoiselle, que j'apende aujourd'huy à l'autel de vos charmes l'offrande de ce cœur, qui ne respire et n'ambitionne autre gloire que d'estre toute sa vie, Mademoiselle, vostre tres-humble, tres-obeïssant et tres-fidelle serviteur et mary.

TOINETTE, *en le raillant*.

Voila ce que c'est que d'étudier, on apprend à dire de belles choses.

ARGAN

Eh ! que dites-vous de cela ?

CLÉANTE

Que Monsieur fait merveilles, et que, s'il est aussi bon Médecin qu'il est bon Orateur, il y aura plaisir à estre de ses malades.

TOINETTE

Assurément. Ce sera quelque chose d'admirable, s'il fait d'aussi belles cures qu'il fait de beaux discours.

ARGAN

Allons, viste, ma chaise, et des sièges à tout le monde. Mettez-vous là, ma Fille. Vous voyez, Monsieur, que tout le monde admire Monsieur vostre fils, et je vous trouve bien heureux de vous voir un garçon comme cela.

Monsieur DYAFOIRUS

Monsieur, ce n'est pas parce que je suis son Père, mais je puis dire que j'ay sujet d'estre content de luy, et que tous ceux qui le voyent en parlent comme d'un garçon qui n'a point de méchanceté. Il n'a jamais eu l'imagination bien vive, ny ce feu d'esprit qu'on remarque dans quelques-uns, mais c'est par là que j'ay toûjours bien auguré de sa judiciaire, qualité requise pour l'exercice de nostre Art. Lors qu'il estoit petit, il n'a jamais esté ce qu'on appelle miévre et éveillé. On le voyoit toûjours doux, paisible et taciturne, ne disant jamais mot, et ne joüant jamais à tous ces petits jeux que l'on nomme enfantins. On eut toutes les peines du monde à luy apprendre à lire, et il avoit neuf ans qu'il ne connoissoit pas encore ses lettres. « Bon, disois-je en moy-mesme, les arbres tardifs sont ceux qui portent les meilleurs fruits. On grave sur le marbre bien plus mal-aisément que sur le sable ; mais les choses y sont conservées bien plus long-temps, et cette lenteur à comprendre, cette pesanteur d'imagination, est la marque d'un bon jugement à venir. » Lors que je l'envoyay au College, il trouva de la peine ; mais il se roidissoit contre les difficultez, et ses Régens se loüoient toûjours à moy de son assiduité et de son travail. Enfin, à force de battre le fer, il en est venu glorieusement à avoir ses Licences ; et je puis dire sans vanité que depuis deux ans qu'il est sur les bancs, il n'y a point de Candidat qui ait fait plus de bruit que luy dans toutes les disputes de nostre Ecole. Il s'y est rendu redoutable, et il ne s'y passe point d'Acte où il n'aille argumenter à outrance pour la proposition contraire. Il est ferme dans la dispute, fort comme un Turc sur ses principes, ne démord jamais de son opinion, et poursuit un raisonnement jusques dans les derniers recoins de la Logique. Mais, sur toute chose, ce qui me plaist en luy, et en quoy il suit mon exemple, c'est qu'il s'attache aveuglement aux opinions de nos Anciens, et que jamais il n'a voulu comprendre ny écouter les raisons et les experiences des prétenduës découvertes de nostre siècle touchant la Circulation du sang, et autres opinions de mesme farine.

THOMAS DYAFOIRUS
(Il tire une grande Thèse roulée de sa poche, qu'il présente à Angélique.)

J'ay contre les Circulateurs soûtenu une Thèse, qu'avec la permission de Monsieur j'ose presenter à Mademoiselle comme un hommage que je luy dois des prémices de mon esprit.

ANGÉLIQUE

Monsieur, c'est pour moy un meuble inutile, et je ne me connois pas à ces choses-là.

TOINETTE

Donnez, donnez, elle est toûjours bonne à prendre pour l'image ; cela servira à parer nostre chambre.

THOMAS DIAFOIRUS

Avec la permission aussi de Monsieur, je vous invite à venir voir l'un de ces jours pour vous divertir la dissection d'une Femme, surquoy je dois raisonner.

TOINETTE

Le divertissement sera agreable. Il y en a qui donnent la Comedie à leurs Maistresses, mais donner une dissection est quelque chose de plus galand.

Monsieur DYAFOIRUS

Au reste, pour ce qui est des qualitez requises pour le Mariage et la propagation, je vous assure que, selon les regles de nos Docteurs, il est tel qu'on le peut souhaiter; qu'il possede en un degré loüable la vertu prolifique, et qu'il est du tempéramment qu'il faut pour engendrer et procréer des enfants bien conditionnez.

ARGAN

N'est-ce pas vostre intention, Monsieur, de le pousser à la Cour, et d'y ménager pour luy une charge de Médecin ?

Monsieur DYAFOIRUS

A vous en parler franchement, nostre Mestier auprés

des Grands ne m'a jamais paru agréable, et j'ay toûjours trouvé qu'il valoit mieux, pour nous autres, demeurer au public. Le public est commode. Vous n'avez à répondre de vos actions à personne, et, pourveu que l'on suive le courant des règles de l'Art, on ne se met point en peine de tout ce qui peut arriver. Mais ce qu'il y a de fâcheux auprés des Grands, c'est que, quand ils viennent à estre malades, ils veulent absolument que leurs Médecins les guérissent.

TOINETTE

Cela est plaisant, et ils sont bien impertinents de vouloir que vous autres, Messieurs, vous les guérissiez ! Vous n'estes point auprés d'eux pour cela ; vous n'y estes que pour recevoir vos pensions et leur ordonner des remèdes, c'est à eux à guerir s'ils peuvent.

Monsieur DYAFOIRUS

Cela est vray. On n'est obligé qu'à traiter les gens dans les formes.

ARGAN, à Cléante.

Monsieur, faites un peu chanter ma Fille devant la compagnie.

CLÉANTE

J'attendois vos ordres, Monsieur, et il m'est venu en pensée, pour divertir la compagnie, de chanter avec

Mademoiselle une Scène d'un petit Opéra qu'on a fait depuis peu. Tenez, voila vôtre Partie.

ANGÉLIQUE

Moy ?

CLÉANTE

Ne vous défendez point, s'il vous plaist, et me laissez vous faire comprendre ce que c'est que la Scène que nous devons chanter. Je n'ay pas une voix à chanter ; mais icy il suffit que je me fasse entendre, et l'on aura la bonté de m'excuser par la nécessité où je me trouve de faire chanter Mademoiselle.

ARGAN

Les Vers en sont-ils beaux ?

CLÉANTE

C'est proprement icy un petit Opéra impromptu, et vous n'allez entendre chanter que de la Prose cadencée, ou des manières de Vers libres, tels que la passion et la nécessité peuvent faire trouver à deux personnes qui disent les choses d'eux-mesmes et parlent sur le champ.

ARGAN

Fort bien. Ecoutons.

CLÉANTE, *sous le nom d'un Berger, explique à sa Maistresse son amour depuis leur rencontre, et ensuite ils s'appliquent leurs pensées l'un à l'autre, en chantant.*

Voicy le sujet de la Scène. Un Berger estoit attentif

aux beautez d'un Spectacle qui ne faisoit que de commencer, lors qu'il fut tiré de son attention par un bruit qu'il entendit à ses costez. Il se retourne, et voit un brutal qui de paroles insolentes mal-traitoit une Bergère. D'abord il prend les interests d'un sexe à qui tous les hommes doivent hommage ; et, après avoir donné au brutal le chastiment de son insolence, il vient à la Bergère, et voit une jeune personne qui, des deux plus beaux yeux qu'il eust jamais veus, versoit des larmes, qu'il trouva les plus belles du monde. « Helas ! dit-il en luy-mesme, est-on capable d'outrager une personne si aymable ? Et quel inhumain, quel barbare, ne seroit touché par de telles larmes ? » Il prend soin de les arrester, ces larmes qu'il trouve si belles ; et l'aymable Bergère prend soin en mesme temps de le remercier de son léger service, mais d'une manière si charmante, si tendre et si passionnée, que le Berger n'y peut résister, et chaque mot, chaque regard, est un trait plein de flâme dont son cœur se sent penetré. « Est-il, disoit-il, quelque chose qui puisse mériter les aymables paroles d'un tel remerciement ? Et que ne voudroit-on pas faire ; à quels services, à quels dangers, ne seroit-on pas ravy de courir, pour s'attirer un seul moment des touchantes douceurs d'une âme si reconnoissante ? » Tout le Spectacle passe sans qu'il y donne aucune attention ;

mais il se plaint qu'il est trop court, parce qu'en finissant il le sépare de son adorable Bergère ; et, de cette première veuë, de ce premier moment, il emporte chez-luy tout ce qu'un amour de plusieurs années peut avoir de plus violent. Le voila aussi-tost à sentir tous les maux de l'absence, et il est tourmenté de ne plus voir ce qu'il a si peu veu. Il fait tout ce qu'il peut pour se redonner cette veuë, dont il conserve nuit et jour une si chère idée ; mais la grande contrainte où l'on tient sa Bergère luy en oste tous les moyens. La violence de sa passion le fait résoudre à demander en Mariage l'adorable beauté sans laquelle il ne peut plus vivre, et il en obtient d'elle la permission par un billet qu'il a l'adresse de luy faire tenir. Mais dans le mesme temps on l'avertit que le Père de cette belle a conclu son Mariage avec un autre, et que tout se dispose pour en célebrer la cérémonie. Jugez quelle atteinte cruelle au cœur de ce triste Berger ! Le voila accablé d'une mortelle douleur. Il ne peut souffrir l'effroyable idée de voir tout ce qu'il ayme entre les bras d'un autre, et son amour au désespoir luy fait trouver moyen de s'introduire dans la maison de sa Bergère pour apprendre ses sentimens et sçavoir d'elle la destinée à laquelle il doit se résoudre. Il y rencontre les apprests de tout ce qu'il craint ; il y voit venir l'indigne Rival que le caprice d'un Père oppose aux tendresses de son amour. Il le voit triomphant, ce Rival ridicule, auprés de l'aymable Bergère, ainsi qu'auprés d'une conqueste qui luy est assurée, et cette veuë le remplit d'une colère dont il a peine à se rendre le maistre. Il jette de douloureux regards sur celle qu'il adore, et son respect et la présence de son Père l'empeschent de luy rien dire que des yeux. Mais enfin il force toute contrainte, et le transport de son amour l'oblige à luy parler ainsi :

(Il chante.)

Belle Philis, c'est trop, c'est trop souffrir ;
Rompons ce dur silence, et m'ouvrez vos pensées.
  Apprenez-moy ma destinée :
  Faut-il vivre ? faut-il mourir ?

ANGÉLIQUE répond en chantant.

Vous me voyez, Tircis, triste et mélancolique
Aux apprests de l'Hymen dont vous vous allarmez :
Je lève au Ciel les yeux, je vous regarde, je soûpire :
  C'est vous en dire assez.

ARGAN

Oüais ! je ne croyois pas que ma Fille fust si habile que de chanter ainsi à Livre ouvert sans hésiter.

CLÉANTE

Helas ! belle Philis,
Se pourroit-il que l'amoureux Tircis

Eust assez de bon-heur
Pour avoir quelque place dans vostre cœur ?

ANGÉLIQUE

Je ne m'en défends point dans cette peine extrême :
Oüy, Tircis, je vous ayme.

CLÉANTE

O parole pleine d'appas !
Ay-je bien entendu, helas !
Redites-la, Philis, que je n'en doute pas.

ANGÉLIQUE

Oüy, Tircis, je vous ayme.

CLÉANTE

De grace, encor, Philis.

ANGÉLIQUE

Je vous ayme.

CLÉANTE

Recommencez cent fois, ne vous en lassez pas.

ANGÉLIQUE

Je vous ayme, je vous ayme ;
Oüy, Tircis, je vous ayme.

CLÉANTE

Dieux, Roys, qui sous vos pieds regardez tout le monde,

Pouvez-vous comparer vostre bon-heur au mien ?
Mais, Philis, une pensée
Vient troubler ce doux transport :
Un Rival, un Rival...

ANGÉLIQUE

Ah ! je le hay plus que la mort,
Et sa présence, ainsi qu'à vous,
M'est un cruel supplice.

CLÉANTE

Mais un Pére à ses vœux vous veut assujettir.

ANGÉLIQUE

Plûtost, plûtost mourir,
Que de jamais y consentir ;
Plûtost, plûtost mourir, plûtost mourir !

ARGAN

Et que dit le Père à tout cela ?

CLÉANTE

Il ne dit rien.

ARGAN

Voila un sot Père que ce Père-là de souffrir toutes ces sottises-là sans rien dire !

CLÉANTE

Ah ! mon amour...

ARGAN

Non, non, en voila assez. Cette Comedie-là est de fort mauvais exemple. Le Berger Tircis est un impertinent, et la Bergère Philis une impudente de parler de la sorte devant son Père. Montrez-moy ce papier. Ha ! ha ! Où sont donc les paroles que vous avez dites ? Il n'y a là que de la Musique écrite.

CLÉANTE

Est-ce que vous ne sçavez pas, Monsieur, qu'on a trouvé depuis peu l'invention d'écrire les paroles avec les Notes-mesmes ?

ARGAN

Fort bien. Je suis vostre serviteur, Monsieur ; jusqu'au revoir. Nous nous serions bien passez de vostre impertinent d'Opéra.

CLÉANTE

J'ay creu vous divertir.

ARGAN

Les sottises ne divertissent point. Ah ! voicy ma femme.

SCÈNE VI

BELINE, ARGAN, TOINETTE, ANGÉLIQUE
Monsieur DYAFOIRUS, THOMAS DYAFOIRUS

ARGAN

Mamour, voila le fils de Monsieur Dyafoirus.

THOMAS DYAFOIRUS *commence un compliment qu'il avoit étudié, et, la mémoire luy manquant, il ne peut le continuer.*

Madame, c'est avec justice que le Ciel vous a concedé le nom de belle-Mère, puisque l'on voit sur vostre visage...

BELINE

Monsieur, je suis ravie d'estre venuë icy à propos pour avoir l'honneur de vous voir.

THOMAS DYAFOIRUS

Puisque l'on voit sur vostre visage... puisque l'on voit sur vostre visage... Madame, vous m'avez interrompu dans le milieu de ma Période, et cela m'a troublé la memoire.

Monsieur DYAFOIRUS

Thomas, réservez cela pour une autre fois.

ARGAN

Je voudrois, mamie, que vous eussiez esté icy tantost.

TOINETTE

Ah! Madame, vous avez bien perdu de n'avoir point esté au second Père, à la statuë de Memnon, et à la fleur nommée Héliotrope.

ARGAN

Allons, ma Fille, touchez dans la main de Monsieur, et luy donnez vostre foy comme à vostre mary.

ANGÉLIQUE

Mon Père!

ARGAN

Hé bien, mon Père ! Qu'est-ce que cela veut dire ?

ANGÉLIQUE

De grâce, ne précipitez pas les choses. Donnez-nous au moins le temps de nous connoistre, et de voir naistre en nous l'un pour l'autre cette inclination si nécessaire à composer une union parfaite.

THOMAS DYAFOIRUS

Quant à moy, Mademoiselle, elle est déjà toute née en moy, et je n'ay pas besoin d'attendre davantage.

ANGÉLIQUE

Si vous estes si prompt, Monsieur, il n'en est pas

de mesme de moy, et je vous avouë que vostre mérite n'a pas encore fait impression dans mon âme.

ARGAN

Ho ! bien, bien ; cela aura tout le loisir de se faire quand vous serez mariez ensemble.

ANGÉLIQUE

Hé ! mon Père, donnez-moy du temps, je vous prie. Le Mariage est une chaîne où l'on ne doit jamais soûmettre un cœur par force ; et si Monsieur est honneste homme, il ne doit point vouloir accepter une personne qui seroit à luy par contrainte.

THOMAS DYAFOIRUS

Nego consequentiam, Mademoiselle ; et je puis estre honneste homme et vouloir bien vous accepter des mains de Monsieur vostre Pere.

ANGÉLIQUE

C'est un Méchant moyen de se faire aymer de quelqu'un que de luy faire violence.

THOMAS DYAFOIRUS

Nous lisons des Anciens, Mademoiselle, que leur coûtume estoit d'enlever par force de la maison des Pères les Filles qu'on menoit marier, afin qu'il ne semblast pas que ce fust de leur consentement qu'elles convoloient dans les bras d'un homme.

ANGÉLIQUE

Les Anciens, Monsieur, sont les Anciens, et nous sommes les gens de maintenant. Les grimaces ne sont point nécessaires dans nostre siècle, et, quand un Mariage nous plaist, nous sçavons fort bien y aller sans qu'on nous y traisne. Donnez-vous patience ; si vous m'aymez, Monsieur, vous devez vouloir tout ce que je veux.

THOMAS DYAFOIRUS

Oüy, Mademoiselle, jusqu'aux interests de mon amour exclusivement.

ANGÉLIQUE

Mais la grande marque d'amour, c'est d'estre soûmis aux volontez de celle qu'on ayme.

THOMAS DYAFOIRUS

Distinguo, Mademoiselle ; dans ce qui ne regarde point sa possession, *Concedo* ; mais, dans ce qui la regarde, *Nego*.

TOINETTE

Vous avez beau raisonner. Monsieur est frais émoulu du Collège, et il vous donnera toûjours vostre reste. Pourquoy tant résister, et refuser la gloire d'estre attachée au Corps de la Faculté ?

BELINE
Elle a peut-estre quelque inclination en teste.

ANGÉLIQUE
Si j'en avois, Madame, elle seroit telle que la raison et l'honnesteté pourroient me la permettre.

ARGAN
Oüais! je joue icy un plaisant personnage.

BELINE
Si j'estois que de vous, mon fils, je ne la forcerois point à se marier, et je sçay bien ce que je ferois.

ANGÉLIQUE
Je sçay, Madame, ce que vous voulez dire et les bontez que vous avez pour moy; mais peut-estre que vos conseils ne seront pas assez heureux pour estre exécutez.

BELINE
C'est que les Filles bien sages et bien honnestes comme vous se mocquent d'estre obeïssantes, et soûmises aux volontez de leurs Pères. Cela estoit bon autrefois.

ANGÉLIQUE
Le devoir d'une Fille a des bornes, Madame, et la raison et les loix ne l'étendent point à toutes sortes de choses.

BELINE

C'est à dire que vos pensées ne sont que pour le Mariage ; mais vous voulez choisir un époux à vostre fantaisie.

ANGÉLIQUE

Si mon Père ne veut pas me donner un mary qui me plaise, je le conjureray au moins de ne me point forcer à en épouser un que je ne puisse pas aymer.

ARGAN

Messieurs, je vous demande pardon de tout cecy.

ANGÉLIQUE

Chacun a son but en se mariant. Pour moy, qui ne veux un mary que pour l'aymer véritablement, et qui prétends en faire tout l'attachement de ma vie, je vous avouë que j'y cherche quelque précaution. Il y en a d'aucunes qui prennent des maris seulement pour se tirer de la contrainte de leurs Parens et se mettre en estat de faire tout ce qu'elles voudront. Il y en a d'autres, Madame, qui font du Mariage un commerce de pur interest ; qui ne se marient que pour gagner des Doüaires, que pour s'enrichir par la mort de ceux qu'elles épousent, et courent sans scrupule de mary en mary pour s'approprier leurs dépoüilles. Ces personnes-là, à la verité, n'y cherchent pas tant de façons et regardent peu la personne.

BELINE

Je vous trouve aujourd'huy bien raisonnante, et je voudrois bien sçavoir ce que vous voulez dire par là.

ANGÉLIQUE

Mo , Madame ? ue voudrois-
dis ?

BELINE

Vous estes si sotte, mamie, qu'on ne sçauroit plus vous souffrir.

ANGÉLIQUE

Vous voudriez bien, Madame, m'obliger à vous répondre quelque impertinence, mais je vous avertis que vous n'aurez pas cet avantage.

BELINE

Il n'est rien d'égal à vostre insolence.

ANGÉLIQUE

Non, Madame, vous avez beau dire.

BELINE

Et vous avez un ridicule orgüeil, une impertinente présomption, qui fait hausser les épaules à tout le monde.

ANGÉLIQUE

Tout cela, Madame, ne servira de rien, je seray

sage en dépit de vous ; et, pour vous oster l'espérance de pouvoir réüssir dans ce que vous voulez, je vais m'oster de vostre veuë.

ARGAN

Ecoute, il n'y a point de milieu à cela. Choisy d'épouser dans quatre jours ou Monsieur, ou un Convent. Ne vous mettez pas en peine, je la rangeray bien.

BELINE

Je suis fâchée de vous quitter, mon fils ; mais j'ay une affaire en Ville dont je ne puis me dispenser. Je reviendray bien-tost.

ARGAN

Allez, mamour, et passez chez vostre Notaire, afin qu'il expédie ce que vous sçavez.

BELINE

Adieu, mon petit amy.

ARGAN

Adieu, mamie. Voila une femme qui m'ayme... cela n'est pas croyable.

Monsieur DYAFOIRUS

Nous allons, Monsieur, prendre congé de vous.

ARGAN

Je vous prie, Monsieur, de me dire un peu comment je suis.

Monsieur DYAFOIRUS *luy taste le poux.*

Allons, Thomas, prenez l'autre bras de monsieur, pour voir si vous sçaurez porter un bon jugement de son poux. *Quid dicis?*

THOMAS DYAFOIRUS

Dico que le poux de monsieur est le poux d'un homme qui ne se porte point bien.

Monsieur DYAFOIRUS

Bon.

THOMAS DYAFOIRUS

Qu'il est duriuscule, pour ne pas dire dru.

Monsieur DYAFOIRUS

Fort bien.

THOMAS DYAFOIRUS

Repoussant.

Monsieur DYAFOIRUS

Bene.

THOMAS DYAFOIRUS

Et mesme un peu caprisant.

Monsieur DYAFOIRUS

Optime.

THOMAS DYAFOIRUS

Ce qui marque une intempérie dans le paranchyme splenique, c'est-à-dire la ratte.

MONSIEUR DYAFOIRUS

Fort bien.

ARGAN

Non; Monsieur Purgon dit que c'est mon foye qui est malade.

MONSIEUR DYAFOIRUS

Eh ! oüy ; qui dit paranchyme dit l'un et l'autre, à cause de l'étroite sympathie qu'ils ont ensemble, par le moyen du *vas breve* du *pylore*, et souvent des *méats cholidoques*. Il vous ordonne sans doute de manger force rosty.

ARGAN

Non, rien que du boüilly.

MONSIEUR DYAFOIRUS

Eh ! oüi ; rosty, boüilly, mesme chose. Il vous ordonne fort prudemment, et vous ne pouvez estre en de meilleures mains.

ARGAN

Monsieur, combien est-ce qu'il faut mettre de grains de sel dans un œuf ?

MONSIEUR DYAFOIRUS

Six, huit, dix, par les nombres pairs comme dans les médicamens par les nombres impairs.

ARGAN

Jusqu'au revoir, Monsieur.

SCÈNE VII

BELINE, ARGAN

BELINE

Je viens, mon fils, avant que de sortir, vous donner avis d'une chose à laquelle il faut que vous preniez garde. En passant pardevant la chambre d'Angélique, j'ay veu un jeune homme avec elle, qui s'est sauvé d'abord qu'il m'a veuë.

ARGAN

Un jeune homme avec ma Fille !

BELINE

Oüy. Vostre petite Fille Loüyson estoit avec eux, qui pourra vous en dire des nouvelles.

ARGAN

Envoyez-la icy, mamour, envoyez-la icy. Ah ! l'éfrontée ! Je ne m'étonne plus de sa résistance.

SCÈNE VIII

LOUYSON, ARGAN

LOUYSON

Qu'est-ce que vous voulez, mon Papa ? Ma belle-Maman m'a dit que vous me demandez.

ARGAN

Oüy. Venez çà. Avancez là. Tournez-vous. Levez les yeux. Regardez-moy. Eh !

LOUYSON

Quoy, mon Papa ?

ARGAN

Là ?

LOUYSON

Quoy ?

ARGAN

N'avez-vous rien à me dire ?

LOUYSON

Je vous diray, si vous voulez, pour vous désennuyer, le conte de Peau-d'Asne, ou bien la Fable du Corbeau et du Renard, qu'on m'a apprise depuis peu.

ARGAN

Ce n'est pas là ce que je demande.

LOUYSON

Quoy donc ?

ARGAN

Ah ! rusée, vous sçavez bien ce que je veux dire.

LOUYSON

Pardonnez-moy, mon Papa.

ARGAN

Est-ce là comme vous m'obéïssez ?

LOUYSON

Quoy ?

ARGAN

Ne vous ay-je pas recommandé de me venir dire d'abord tout ce que vous voyez ?

LOUYSON

Oüy, mon Papa.

ARGAN

L'avez-vous fait ?

LOUYSON

Oüy, mon Papa. Je suis venue dire tout ce que j'ay veu.

ARGAN

Et n'avez-vous rien veu aujourd'huy ?

LOUYSON

Non, mon Papa.

ARGAN

Non ?

LOUYSON

Non, mon Papa.

ARGAN

Assurément ?

LOUYSON

Assurément.

ARGAN

Oh ! çà, je m'en vay vous faire voir quelque chose, moy.

(Il va prendre une poignée de verges.)

LOUYSON

Ah ! mon Papa !

ARGAN

Ah ! ah ! petite masque, vous ne me dites pas que vous avez veu un homme dans la chambre de vostre Sœur ?

LOUYSON

Mon Papa !

ARGAN

Voicy qui vous apprendra à mentir.

LOUYSON *se jette à genoux.*

Ah ! mon Papa, je vous demande pardon. C'est que ma Sœur m'avoit dit de ne pas vous le dire ; mais je m'en vay vous dire tout.

ARGAN

Il faut premièrement que vous ayez le foüet pour avoir menty. Puis aprés nous verrons au reste.

LOUYSON

Pardon, mon Papa.

ARGAN

Non, non.

LOUYSON

Mon pauvre Papa, ne me donnez pas le foüet!

ARGAN

Vous l'aurez.

LOUYSON

Au nom de Dieu, mon Papa, que je ne l'aye pas!

ARGAN, *la prenant pour la foüetter.*

Allons, allons.

LOUYSON

Ah! mon Papa, vous m'avez blessée. Attendez, je suis morte.

(*Elle contrefait la morte.*)

ARGAN

Hola! Qu'est-ce là? Loüyson, Loüyson! Ah! mon Dieu! Loüyson! Ah! ma Fille! Ah! malheureux, ma pauvre Fille est morte. Qu'ay-je fait, misérable? Ah! chiennes de verges! La peste soit des verges! Ah! ma pauvre Fille, ma pauvre petite Loüyson!

LOUYSON

Là, là, mon Papa, ne pleurez point tant ; je ne suis pas morte tout-à-fait.

ARGAN

Voyez-vous la petite rusée ! Oh ! çà, çà, je vous pardonne pour cette fois-cy, pourveu que vous me disiez bien tout.

LOUYSON

Ho ! oüy, mon Papa.

ARGAN

Prenez-y bien garde au moins, car voila un petit doigt, qui sçait tout, qui me dira si vous mentez.

LOUYSON

Mais, mon Papa, ne dites pas à ma sœur que je vous l'ay dit.

ARGAN

Non, non. .

LOUYSON

C'est, mon Papa, qu'il est venu un homme dans la chambre de ma Sœur comme j'y estois.

ARGAN

Hé bien ?

LOUYSON

Je luy ay demandé ce qu'il demandoit, et il m'a dit qu'il estoit son Maistre à chanter.

ARGAN

Hon, hon ! Voila l'affaire. Hé bien ?

LOUYSON

Ma Sœur est venuë aprés.

ARGAN

Hé bien ?

LOUYSON

Elle luy a dit : « Sortez, sortez, sortez ! Mon Dieu, sortez ! vous me mettez au désespoir. »

ARGAN

Hé bien ?

LOUYSON

Et luy, il ne vouloit pas sortir.

ARGAN

Qu'est-ce qu'il luy disoit ?

LOUYSON

Il luy disoit je ne sais combien de choses.

ARGAN

Et quoy encore ?

LOUYSON

Il luy disoit tout-cy, tout-ça, qu'il l'aimoit bien, et qu'elle estoit la plus belle du monde.

ARGAN

Et puis aprés ?

LOUYSON

Et puis aprés, il se mettoit à genoux devant elle.

ARGAN

Et puis aprés ?

LOUYSON

Et puis aprés, il luy baisoit les mains.

ARGAN

Et puis aprés ?

LOUYSON

Et puis aprés, ma belle-Maman est venuë à la porte, et il s'est enfuy.

ARGAN

Il n'y a point autre chose ?

LOUYSON

Non, mon Papa.

ARGAN

Voila mon petit doigt pourtant qui gronde quelque chose. (*Il met son doigt à son oreille.*) Attendez. Eh ! Ah, ah ! Oüy ? Oh ! oh ! voila mon petit doigt qui me dit quelque chose que vous avez veu, et que vous ne m'avez pas dit.

LOUYSON

Ah! mon Papa, votre petit doigt est un menteur.

ARGAN

Prenez garde.

LOUYSON

Non, mon Papa, ne le croyez pas; il ment, je vous assure.

ARGAN

Oh bien, bien, nous verrons cela. Allez-vous-en, et prenez bien garde à tout; allez. Ah! il n'y a plus d'enfans. Ah! que d'affaires! je n'ay pas seulement le loisir de songer à ma maladie. En verité, je n'en puis plus.

(Il se remet dans sa chaise.)

SCÈNE IX

BERALDE, ARGAN

BERALDE

Hé bien, mon Frère, qu'est-ce ? Comment vous portez-vous ?

ARGAN

Ah! mon Frère, fort mal.

BERALDE

Comment, fort mal?

ARGAN

Oüy, je suis dans une foiblesse si grande que cela n'est pas croyable.

BERALDE

Voila qui est fâcheux.

ARGAN

Je n'ay pas seulement la force de pouvoir parler.

BERALDE

J'estois venu icy, mon Frère, vous proposer un party pour ma Niéce Angélique.

ARGAN, *parlant avec emportement, et se levant de sa chaise.*

Mon Frère, ne me parlez point de cette coquine-là. C'est une friponne, une impertinente, une effrontée, que je mettray dans un Convent avant qu'il soit deux jours.

BERALDE

Ah! voila qui est bien. Je suis bien aise que la force vous revienne un peu et que ma visite vous fasse du bien. Oh çà, nous parlerons d'affaires tantost. Je vous amène ici un divertissement, que j'ay rencontré, qui dissipera vostre chagrin et vous rendra l'âme mieux disposée aux choses que nous avons à dire. Ce sont des Egyptiens vestus en Mores qui font des danses meslées de chansons où je suis seur que vous prendrez plaisir, et cela vaudra bien une ordonnance de Monsieur Purgon. Allons.

SECOND INTERMÈDE

Le frère du Malade imaginaire luy amène, pour le divertir, plusieurs Egyptiens et Egyptiennes vestus en Mores qui font des Dances entremeslées de Chansons.

PREMIÈRE FEMME MORE

Profitez du Printemps
De vos beaux ans,
Aymable jeunesse ;
Profitez du Printemps
De vos beaux ans,
Donnez-vous à la tendresse.

Les plaisirs les plus charmans,
Sans l'amoureuse flâme,
Pour contenter une âme
N'ont point d'attraits assez puissans.

Profitez du Printemps
De vos beaux ans,
Aymable jeunesse;
Profitez du Printemps
De vos beaux ans,
Donnez-vous à la tendresse.

Ne perdez point ces précieux momens;
La beauté passe,
Le temps l'efface,
L'âge de glace
Vient à sa place,
Qui nous oste le goust de ces doux passe-temps.

Profitez du Printemps
De vos beaux ans,
Aymable jeunesse;
Profitez du Printemps
De vos beaux ans,
Donnez-vous à la tendresee.

SECONDE FEMME MORE

Quand d'aymer on nous presse,

A quoy songez-vous ?
Nos cœurs, dans la jeunesse,
N'ont vers la tendresse
Qu'un panchant trop doux.
L'amour a, pour nous prendre,
De si doux attraits
Que, de soy, sans attendre,
On voudroit se rendre
A ses premiers traits ;
Mais tout ce qu'on écoute
Des vives douleurs
Et des pleurs
Qu'il nous couste
Fait qu'on en redoute
Toutes les douceurs.

TROISIÈME FEMME MORE

Il est doux, à nostre âge,
D'aymer tendrement
Un Amant
Qui s'engage ;
Mais, s'il est volage,
Helas ! quel tourment !

QUATRIÈME FEMME MORE

L'Amant qui se dégage

N'est pas le malheur,
La douleur
Et la rage,
C'est que le volage
Garde nostre cœur.

SECONDE FEMME MORE

Quel party faut-il prendre
Pour nos jeunes cœurs?

QUATRIÈME FEMME MORE

Devrons-nous nous y rendre
Malgré ses rigueurs?

ENSEMBLE

Oüy, suivons ses ardeurs,
Ses transports, ses caprices,
Ses douces langueurs;
S'il a quelques supplices,
Il a cent délices
Qui charment les cœurs.

ENTRÉE DE BALLET

Tous les Mores dançent ensemble, et font sauter des Singes qu'ils ont amenez avec eux.

ACTE III

Cet Acte entier n'est point, dans les Editions précédentes, de la Prose de Monsieur Molière; le voicy, restably sur l'original de l'Autheur.

SCÈNE PREMIÈRE

BERALDE, ARGAN, TOINETTE

BERALDE

É bien! mon Frere, qu'en dites-vous ? Cela ne vaut-il pas bien une prise de casse ?

TOINETTE

Hon! de bonne casse est bonne.

BERALDE

Oh çà, voulez-vous que nous parlions un peu ensemble ?

ARGAN

Un peu de patience, mon Frère, je vais revenir.

TOINETTE

Tenez, Monsieur, vous ne songez pas que vous ne sçauriez marcher sans bâton.

ARGAN

Tu as raison.

SCÈNE II

BERALDE, TOINETTE

TOINETTE

N'abandonnez pas, s'il vous plaist, les interests de vostre Niéce.

BERALDE

J'emploiray toutes choses pour luy obtenir ce qu'elle souhaite.

TOINETTE

Il faut absolument empescher ce Mariage extravagant qu'il s'est mis dans la fantaisie, et j'avois songé moy-mesme que ç'auroit esté une bonne affaire de pouvoir introduire icy un Médecin à nostre poste pour le dégoûter de son Monsieur Purgon et luy décrier sa conduite. Mais, comme nous n'avons personne en main pour cela, j'ay résolu de jouer un tour de ma teste.

BERALDE

Comment ?

TOINETTE

C'est une imagination burlesque. Cela sera peut-estre plus heureux que sage. Laissez-moy faire ; agissez de vostre costé. Voicy nostre homme.

SCÈNE III

ARGAN, BERALDE

BERALDE

Vous voulez bien, mon Frère, que je vous demande, avant toute chose, de ne vous point échauffer l'esprit dans notre conversation.

ARGAN

Voila qui est fait.

BERALDE

De répondre sans nulle aigreur aux choses que je pourray vous dire.

ARGAN

Oüy.

BERALDE

Et de raisonner ensemble, sur les affaires dont nous

avons à parler, avec un esprit détaché de toute passion.

ARGAN

Mon Dieu, oüy. Voila bien du préambule.

BERALDE

D'où vient, mon Frère, qu'ayant le bien que vous avez, et n'ayant d'enfans qu'une Fille, car je ne conte pas la petite, d'où vient, dis-je, que vous parlez de la mettre dans un Convent ?

ARGAN

D'où vient, Mon Frère, que je suis maistre dans ma famille pour faire ce que bon me semble ?

BERALDE

Vostre femme ne manque pas de vous conseiller de vous défaire ainsi de vos deux Filles, et je ne doute point que, par un esprit de charité, elle ne fust ravie de les voir toutes deux bonnes Religieuses.

ARGAN

Oh çà, nous y voicy. Voila d'abord la pauvre femme en jeu. C'est elle qui fait tout le mal, et tout le monde luy en veut.

BERALDE

Non, mon Frère ; laissons-la là ; c'est une femme qui a les meilleures intentions du monde pour vostre famille, et qui est détachée de toute sorte d'interest ; qui a pour vous une tendresse merveilleuse, et qui montre pour vos enfans une affection et une bonté qui n'est pas concevable ; cela est certain. N'en parlons point, et revenons à vostre Fille. Sur quelle pensée, mon Frère, la voulez-vous donner en mariage au fils d'un Médecin ?

ARGAN

Sur la pensée, mon Frère, de me donner un gendre tel qu'il me faut.

BERALDE

Ce n'est point là, mon Frère, le fait de vostre Fille, et il se présente un party plus sortable pour elle.

ARGAN

Oüy ; mais celuy-cy, mon Frère, est plus sortable pour moy.

BERALDE

Mais le mary qu'elle doit prendre doit-il estre, mon Frère, ou pour elle, ou pour vous ?

ARGAN

Il doit estre, mon Frère, et pour elle et pour moy, et je veux mettre dans ma famille les gens dont j'ay besoin.

BERALDE

Par cette raison-là, si vostre petite estoit grande, vous luy donneriez en mariage un Apothiquaire?

ARGAN

Pourquoy non?

BERALDE

Est-il possible que vous serez toujours embeguiné de vos Apothiquaires et de vos Médecins, et que vous vouliez estre malade en dépit des gens et de la nature?

ARGAN

Comment l'entendez-vous, mon Frère?

BERALDE

J'entens, mon Frère, que je ne vois point d'homme qui soit moins malade que vous, et que, je ne demanderois point une meilleure constitution que la vostre. Une grande marque que vous vous portez bien, et que vous avez un corps parfaitement bien composé, c'est qu'avec tous les soins que vous avez pris, vous n'avez pû parvenir encore à gâter la bonté de vostre tempéramment, et que vous n'estes point crevé de toutes les médecines qu'on vous a fait prendre.

ARGAN

Mais sçavez-vous, mon Frère, que c'est cela qui me conserve, et que Monsieur Purgon dit que je succomberois s'il estoit seulement trois jours sans prendre soin de moy ?

BERALDE

Si vous n'y prenez garde, il prendra tant de soin de vous qu'il vous envoyera en l'autre monde.

ARGAN

Mais raisonnons un peu, mon Frère. Vous ne croyez donc point à la Médecine ?

BERALDE

Non, mon Frère, et je ne voy pas que pour son salut il soit nécessaire d'y croire.

ARGAN

Quoy ! vous ne tenez pas véritable une chose établie par tout le monde, et que tous les siècles ont révérée ?

BERALDE

Bien loin de la tenir véritable, je la trouve, entre nous, une des plus grandes folies qui soit parmy les hommes, et, à regarder les choses en Philosophe, je ne voy point de plus plaisante mommerie ; je ne voy rien de plus ridicule qu'un homme qui se veut mesler d'en guérir un autre.

ARGAN

Pourquoy ne voulez-vous pas, mon Frère, qu'un homme en puisse guérir un autre ?

BERALDE

Par la raison, mon Frère, que les ressorts de notre machine sont des mystères, jusques icy, où les hommes ne voyent goute, et que la nature nous a mis au devant des yeux des voiles trop épais pour y connoistre quelque chose.

ARGAN

Les Médecins ne sçavent donc rien, à vostre conte?

BERALDE

Si fait, mon Frère. Ils sçavent la pluspart de fort belles humanitez, sçavent parler en beau Latin, sçavent nommer en Grec toutes les maladies, les définir et les diviser ; mais, pour ce qui est de les guérir, c'est ce qu'ils ne sçavent point du tout.

ARGAN

Mais toûjours faut-il demeurer d'accord que sur cette matière les Médecins en savent plus que les autres.

BERALDE

Ils sçavent, mon Frère, ce que je vous ay dit, qui ne guérit pas de grand'chose, et toute l'excellence de leur Art consiste en un pompeux galimatias, en un spécieux babil, qui vous donne des mots pour des raisons et des promesses pour des effets.

ARGAN

Mais enfin, mon Frère, il y a des gens aussi sages et aussi habiles que vous ; et nous voyons que dans la maladie tout le monde a recours aux Médecins.

BERALDE

C'est une marque de la foiblesse humaine, et non pas de la vérité de leur Art.

ARGAN

Mais il faut bien que les Médecins croyent leur Art veritable, puisqu'ils s'en servent pour eux-mesmes.

BERALDE

C'est qu'il y en a parmy eux qui sont eux-mesmes dans l'erreur populaire, dont ils profitent, et d'autres qui en profitent sans y estre. Vostre Monsieur Purgon, par exemple, n'y sçait point de finesse ; c'est un homme tout Médecin, depuis la teste jusqu'aux pieds ; un homme qui croit à ses règles plus qu'à toutes les démonstrations des Mathématiques, et qui croyroit du crime à les vouloir examiner ; qui ne voit rien d'obscur dans la Médecine, rien de douteux, rien de difficile, et qui, avec une impétuosité de prévention, une roideur de confiance, une brutalité de sens commun et de raison, donne au travers des purgations et des saignées, et ne balance aucune chose. Il ne luy faut point vouloir mal de tout ce qu'il pourra vous faire ; c'est de la meilleure foy du monde qu'il vous expédiera, et il ne fera, en vous tuant, que ce qu'il a fait à sa femme et à ses enfans, et ce qu'en un besoin il feroit à luy-mesme.

ARGAN

C'est que vous avez, mon Frère, une dent de lait contre luy. Mais, enfin, venons au fait. Que faire donc quand on est malade ?

BERALDE

Rien, mon Frère.

ARGAN

Rien ?

BERALDE

Rien. Il ne faut que demeurer en repos. La nature, d'elle-mesme, quand nous la laissons faire, se tire doucement du désordre où elle est tombée. C'est nostre inquiétude, c'est nostre impatience, qui gaste tout, et presque tous les hommes meurent de leurs remèdes, et non pas de leurs maladies.

ARGAN

Mais il faut demeurer d'accord, mon Frère, qu'on peut ayder cette nature par de certaines choses.

BERALDE

Mon Dieu, mon Frère, ce sont pures idées dont

nous aymons à nous repaistre, et de tout temps il s'est glissé parmy les hommes de belles imaginations que nous venons à croire, parce qu'elles nous flattent, et qu'il seroit à souhaiter qu'elles fussent véritables. Lors qu'un Médecin vous parle d'ayder, de secourir, de soulager la nature, de luy oster ce qui luy nuit et luy donner ce qui luy manque, de la restablir et de la remettre dans une pleine facilité de ses fonctions; lors qu'il vous parle de rectifier le sang, de tempérer les entrailles et le cerveau, de dégonfler la ratte, de racommoder la poitrine, de réparer le foye, de fortifier le cœur, de rétablir et conserver la chaleur naturelle, et d'avoir des secrets pour étendre la vie à de longues années, il vous dit justement le Roman de la Médecine. Mais, quand vous en venez à la verité et à l'expérience, vous ne trouvez rien de tout cela, et il en est comme de ces beaux songes qui ne vous laissent au réveil que le déplaisir de les avoir creus.

ARGAN

C'est à dire que toute la science du monde est renfermée dans vostre teste, et vous voulez en sçavoir plus que tous les grands Médecins de nostre siècle.

BERALDE

Dans les discours et dans les choses, ce sont deux sortes de personnes que vos grands Médecins : entendez-les parler, les plus habiles gens du monde ; voyez-les faire, les plus ignorans de tous les hommes.

ARGAN

Hoy ! Vous estes un grand Docteur, à ce que je voy, et je voudrois bien qu'il y eust icy quelqu'un de ces Messieurs pour rembarrer vos raisonnemens et rabaisser vostre caquet.

BERALDE

Moy, mon Frère, je ne prens point à tâche de combattre la Médecine, et chacun, à ses périls et fortune, peut croire tout ce qu'il luy plaist. Ce que j'en dis n'est qu'entre nous, et j'aurois souhaité de pouvoir un peu vous tirer de l'erreur où vous estes, et, pour vous divertir, vous mener voir, sur ce chapitre, quelqu'une des Comédies de Molière.

ARGAN

C'est un bon impertinent que vostre Molière avec ses Comédies, et je le trouve bien plaisant d'aller joüer d'honnestes gens comme les Médecins !

BERALDE

Ce ne sont point les Médecins qu'il joüé, mais le ridicule de la Médecine.

ARGAN

C'est bien à luy à faire de se mesler de contrôler la

Médecine ! Voilà un bon nigaut, un bon impertinent, de se mocquer des consultations et des ordonnances, de s'attaquer au Corps des Médecins, et d'aller mettre sur son Théatre des personnes vénérables comme ces Messieurs-là.

BERALDE

Que voulez-vous qu'il y mette, que les diverses Professions des hommes ? On y met bien tous les jours les Princes et les Roys, qui sont d'aussi bonne maison que les Médecins.

ARGAN

Par la mort-non-de-diable, si j'estois que des Médecins, je me vangerois de son impertinence, et, quand il sera malade, je le laisserois mourir sans secours. Il auroit beau faire et beau dire, je ne luy ordonnerois pas la moindre petite saignée, le moindre petit lavement, et je luy dirois : « Crève, crève, cela t'apprendra une autre fois à te joüer à la Faculté. »

BERALDE

Vous voila bien en colère contre luy.

ARGAN

Ouy, c'est un mal-avisé, et, si les Médecins sont sages, ils feront ce que je dis.

BERALDE

Il sera encore plus sage que vos Médecins, car il ne leur demandera point de secours.

ARGAN

Tant pis pour luy, s'il n'a point recours aux remèdes.

BERALDE

Il a ses raisons pour n'en point vouloir, et il soûtient que cela n'èst permis qu'aux gens vigoureux et robustes et qui ont des forces de reste pour porter les remèdes avec la maladie ; mais que, pour luy, il n'a justement de la force que pour porter son mal.

ARGAN

Les sottes raisons que voilà! Tenez, mon Frère, ne parlons point de cet homme-là davantage, car cela m'échauffe la bile, et vous me donneriez mon mal.

BERALDE

Je le veux bien, mon Frère, et, pour changer de discours, je vous diray que, sur une petite répugnance que vous témoigne vostre Fille, vous ne devez point prendre les résolutions violentes de la mettre dans un Convent; que, pour le choix d'un gendre, il ne vous faut pas suivre aveuglement la passion qui vous emporte, et qu'on doit, sur cette matière, s'accommoder un peu à l'inclination d'une Fille, puisque c'est pour toute la vie, et que de là dépend tout le bon-heur d'un Mariage.

SCÈNE IV

Monsieur FLEURANT, *une seringue à la main;* ARGAN
BERALDE

ARGAN
Ah! mon Frère, avec vostre permission.

BERALDE
Comment! que voulez-vous faire?

ARGAN
Prendre ce petit lavement-là, ce sera bien-tost fait.

BERALDE
Vous vous mocquez. Est-ce que vous ne sçauriez estre un moment sans lavement ou sans médecine? Remettez cela à une autre fois, et demeurez un peu en repos.

ARGAN
Monsieur Fleurant, à ce soir, ou à demain au matin.

Monsieur FLEURANT, *à Beralde.*
Dequoy vous meslez-vous de vous opposer aux ordonnances de la Medecine, et d'empescher Monsieur

de prendre mon clystère ? Vous estes bien plaisant d'avoir cette hardiesse-là !

BERALDE

Allez, Monsieur ; on voit bien que vous n'avez pas accoûtumé de parler à des visages.

Monsieur FLEURANT

On ne doit point ainsi se joüer des remèdes, et me faire perdre mon temps. Je ne suis venu icy que sur une bonne ordonnance, et je vay dire à Monsieur Purgon comme on m'a empesché d'exécuter ses ordres et de faire ma fonction. Vous verrez, vous verrez...

ARGAN

Mon Frère, vous serez cause icy de quelque malheur.

BERALDE

Le grand mal-heur de ne pas prendre un lavement que Monsieur Purgon a ordonné ! Encore un coup, mon Frère, est-il possible qu'il n'y ait pas moyen de vous guérir de la maladie des Médecins, et que vous vouliez estre toute vostre vie ensevely dans leurs remèdes ?

ARGAN

Mon Dieu, mon Frère, vous en parlez comme un homme qui se porte bien ; mais si vous estiez à ma place, vous changeriez bien de langage. Il est aisé de parler contre la Médecine quand on est en pleine santé.

BERALDE

Mais quel mal avez-vous ?

ARGAN

Vous me feriez enrager. Je voudrois que vous l'eussiez, mon mal, pour voir si vous jaseriez tant. Ah ! voicy Monsieur Purgon.

SCÈNE V

Monsieur PURGON, ARGAN, BERALDE, TOINETTE

Monsieur PURGON

Je viens d'apprendre là bas, à la porte, de jolies nouvelles : qu'on se mocque icy de mes ordonnances, et qu'on a fait refus de prendre le remède que j'avois prescrit.

ARGAN

Monsieur, ce n'est pas...

Monsieur PURGON

Voila une hardiesse bien grande, une étrange rebellion d'un malade contre son Médecin.

TOINETTE

Cela est épouvantable.

Monsieur PURGON

Un clystère que j'avois pris plaisir à composer moy-mesme.

ARGAN

Ce n'est pas moy.

Monsieur PURGON

Inventé et formé dans toutes les règles de l'Art.

TOINETTE

Il a tort.

Monsieur PURGON

Et qui devoit faire dans les entrailles un effet merveilleux.

ARGAN

Mon Frère...

Monsieur PURGON

Le renvoyer avec mépris !

ARGAN

C'est luy...

Monsieur PURGON

C'est une action exorbitante.

TOINETTE

Cela est vray.

Monsieur PURGON

Un attentat énorme contre la Médecine.

ARGAN
Il est cause...

Monsieur PURGON
Un crime de lèze-Faculté qui ne se peut assez punir.

TOINETTE
Vous avez raison.

Monsieur PURGON
Je vous déclare que je romps commerce avec vous.

ARGAN
C'est mon Frère...

Monsieur PURGON
Que je ne veux plus d'alliance avec vous.

TOINETTE
Vous ferez bien.

Monsieur PURGON
Et que, pour finir toute liaison avec vous, voila la donation que je faisois à mon Neveu en faveur du Mariage.

ARGAN
C'est mon Frère qui a fait tout le mal.

Monsieur PURGON
Mépriser mon clystère!

ARGAN
Faites-le venir, je m'en vay le prendre.

Monsieur PURGON

Je vous aurois tiré d'affaire avant qu'il fust peu.

TOINETTE

Il ne le mérite pas.

Monsieur PURGON

J'allois nettoyer vostre corps, et en évacuer entièrement les mauvaises humeurs.

ARGAN

Ah! mon Frère!

Monsieur PURGON

Et je ne voulois plus qu'une douzaine de médecines pour vuider le fond du sac.

TOINETTE

Il est indigne de vos soins.

Monsieur PURGON

Mais, puisque vous n'avez pas voulu guérir par mes mains...

ARGAN

Ce n'est pas ma faute.

Monsieur PURGON

Puisque vous vous estes soustrait de l'obeïssance que l'on doit à son Médecin...

TOINETTE

Cela crie vangeance.

MONSIEUR PURGON

Puisque vous vous estes déclaré rebelle aux remèdes que je vous ordonnois...

ARGAN

Hé! point du tout.

MONSIEUR PURGON

J'ay à vous dire que je vous abandonne à vostre mauvaise constitution, à l'intempérie de vos entrailles, à la corruption de vostre sang, à l'acreté de vostre bile et à la fœculence de vos humeurs.

TOINETTE

C'est fort bien fait.

ARGAN

Mon Dieu!

MONSIEUR PURGON

Et je veux qu'avant qu'il soit quatre jours vous deveniez dans un estat incurable.

ARGAN

Ah! miséricorde!

MONSIEUR PURGON

Que vous tombiez dans la Bradypepsie.

ARGAN

Monsieur Purgon!

MONSIEUR PURGON

De la Bradypepsie dans la Dyspepsie.

ARGAN

Monsieur Purgon !

MONSIEUR PURGON

De la Dyspepsie dans l'Apepsie.

ARGAN

Monsieur Purgon !

MONSIEUR PURGON

De l'Apepsie dans la Lienterie.

ARGAN

Monsieur Purgon !

MONSIEUR PURGON

De la Lienterie dans la Dyssenterie.

ARGAN

Monsieur Purgon !

MONSIEUR PURGON

De la Dyssenterie dans l'Hidropisie.

ARGAN

Monsieur Purgon !

MONSIEUR PURGON

Et de l'Hidropisie dans la privation de la vie, où vous aura conduit vostre folie.

SCÈNE VI

ARGAN, BERALDE

ARGAN

Ah ! mon Dieu, je suis mort. Mon Frère, vous m'avez perdu.

BERALDE

Quoy ? qu'y a-t-il ?

ARGAN

Je n'en puis plus. Je sens déja que la Médecine se vange.

BERALDE

Ma foy, mon Frère, vous estes fou, et je ne voudrois pas, pour beaucoup de choses, qu'on vous vist faire ce que vous faites. Tâtez-vous un peu, je vous prie ; revenez à vous-mesme, et ne donnez point tant à vostre imagination.

ARGAN

Vous voyez, mon Frère, les étranges maladies dont il m'a menacé.

BERALDE

Le simple homme que vous estes !

ARGAN

Il dit que je deviendray incurable avant qu'il soit quatre jours.

BERALDE

Et ce qu'il dit que fait-il à la chose ? Est-ce un Oracle qui a parlé ? Il semble, à vous entendre, que Monsieur Purgon tienne dans ses mains le filet de vos jours, et que, d'authorité suprême, il vous l'allonge et vous le racourcisse comme il luy plaist. Songez que les principes de vostre vie sont en vous-mesme, et que le courroux de Monsieur Purgon est aussi peu capable de vous faire mourir que ses remèdes de vous faire vivre. Voicy une avanture, si vous voulez, à vous défaire des Médecins ; ou, si vous estes né à ne pouvoir vous en passer, il est aisé d'en avoir un autre, avec lequel, mon Frère, vous puissiez courir un peu moins de risque.

ARGAN

Ah ! mon Frère, il sçait tout mon témpéramment, et la manière dont il faut me gouverner.

BERALDE

Il faut vous avouër que vous estes un homme d'une grande prévention, et que vous voyez les choses avec d'étranges yeux.

SCÈNE VII

TOINETTE, ARGAN, BERALDE

TOINETTE

Monsieur, voila un Médecin qui demande à vous voir.

ARGAN

Et quel Médecin ?

TOINETTE

Un Médecin de la Médecine.

ARGAN

Je te demande qui il est.

TOINETTE

Je ne le connois pas ; mais il me ressemble comme deux goutes d'eau, et, si je n'estois seure que ma Mère estoit honneste femme, je dirois que ce seroit quelque petit frère qu'elle m'auroit donné depuis le trépas de mon Père.

ARGAN

Fay-le venir.

BERALDE

Vous estes servy à souhait. Un Médecin vous quitte, un autre se présente.

ARGAN

J'ay bien peur que vous ne soyez cause de quelque mal-heur.

BERALDE

Encore ! Vous en revenez toûjours-là.

ARGAN

Voyez-vous, j'ay sur le cœur toutes ces maladies-là que je ne connois point, ces...

SCÈNE VIII

TOINETTE, *en médecin*, ARGAN, BERALDE

TOINETTE

Monsieur, agréez que je vienne vous rendre visite, et vous offrir mes petits services pour toutes les saignées et les purgations dont vous aurez besoin.

ARGAN

Monsieur, je vous suis fort obligé. Par ma foy, voilà Toinette elle-mesme !

TOINETTE

Monsieur, je vous prie de m'excuser, j'ay oublié de donner une commission à mon Valet, je reviens tout à l'heure.

ARGAN

Eh! ne diriez-vous pas que c'est effectivement Toinette?

BERALDE

Il est vray que la ressemblance est tout-à-fait grande; mais ce n'est pas la première fois qu'on a veu de ces sortes de choses, et les Histoires ne sont pleines que de ces jeux de la nature.

ARGAN

Pour moy, j'en suis surpris, et...

SCÈNE IX

TOINETTE, ARGAN, BERALDE

TOINETTE *quitte son habit de Médecin si promptement qu'il est difficile de croire que ce soit elle qui a paru en Médecin.*

Que voulez-vous, Monsieur?

ARGAN

Comment?

TOINETTE

Ne m'avez-vous pas appellée?

ARGAN

Moy? non.

TOINETTE

Il faut donc que les oreilles m'ayent corné.

ARGAN

Demeure un peu icy pour voir comme ce Médecin te ressemble.

TOINETTE, *en sortant, dit :*

Oüy, vraiment! J'ay affaire là bas, et je l'ay assez veu.

ARGAN

Si je ne les voyois tous deux, je croyrois que ce n'est qu'un.

BERALDE

J'ay leu des choses surprenantes de ces sortes de ressemblances, et nous en avons veu, de nôtre temps, où tout le monde s'est trompé.

ARGAN

Pour moy, j'aurois esté trompé à celle-là, et j'aurois juré que c'est la mesme personne.

SCÈNE X

TOINETTE, *en médecin*, ARGAN, BERALDE

TOINETTE

Monsieur, je vous demande pardon de tout mon cœur.

ARGAN

Cela est admirable!

TOINETTE

Vous ne trouverez pas mauvais, s'il vous plaist, la curiosité que j'ay euë de voir un illustre malade comme vous estes, et vostre réputation, qui s'étend par tout, peut excuser la liberté que j'ay prise.

ARGAN

Monsieur, je suis vostre serviteur.

TOINETTE

Je voy, Monsieur, que vous me regardez fixement. Quel âge croyez-vous bien que j'aye?

ARGAN

Je croy que tout au plus vous pouvez avoir vingt-six ou vingt-sept ans...

TOINETTE

Ah! ah! ah! ah! ah! J'en ay quatre-vingt-dix.

ARGAN

Quatre-vingt-dix?

TOINETTE

Oüy. Vous voyez un effet des secrets de mon Art, de me conserver ainsi frais et vigoureux.

ARGAN

Par ma foy, voilà un beau jeune Vieillard pour quatre-vingt-dix ans.

TOINETTE

Je suis Médecin passager, qui vais de Ville en Ville, de Province en Province, de Royaume en Royaume, pour chercher d'illustres matières à ma capacité, pour trouver des malades dignes de m'occuper, capables d'exercer les grands et beaux secrets que j'ay trouvez dans la Médecine. Je dédaigne de m'amuser à ce menu fatras de maladies ordinaires, à ces bagatelles de rhumatismes et de fluxions, à ces fiévrotes, à ces vapeurs et à ces migraines. Je veux des maladies d'importance, de bonnes fièvres continuës, avec des transports au cerveau, de bonnes fièvres pourprées, de bonnes pestes, de bonnes hidropisies formées, de bonnes pleurésies, avec des inflammations de poitrine : c'est là que je me plais, c'est là que je triomphe ; et je voudrois, Monsieur, que vous eussiez toutes les maladies que je viens de dire, que vous fussiez abandonné de tous les Médecins, désespéré, à l'agonie, pour vous montrer l'excellence de mes remèdes, et l'envie que j'aurois de vous rendre service.

ARGAN

Je vous suis obligé, Monsieur, des bontez que vous avez pour moy.

TOINETTE

Donnez-moy vostre poux. Allons donc, que l'on batte comme il faut. Ahy! je vous feray bien aller comme vous devez. Hoy! ce poux-là fait l'impertinent; je voy bien que vous ne me connoissez pas encore. Qui est vostre Médecin?

ARGAN

Monsieur Purgon.

TOINETTE

Cet homme-là n'est point écrit sur mes tablettes entre les grands Médecins. Dequoy dit-il que vous estes malade?

ARGAN

Il dit que c'est du foye, et d'autres disent que c'est de la ratte.

TOINETTE

Ce sont tous des ignorans. C'est du poulmon que vous estes malade.

ARGAN

Du poulmon?

TOINETTE

Oüy. Que sentez-vous?

ARGAN

Je sens de temps en temps des douleurs de teste.

TOINETTE

Justement, le poulmon.

ARGAN

Il me semble parfois que j'ay un voile devant les yeux.

TOINETTE

Le poulmon.

ARGAN

J'ay quelquefois des maux de cœur.

TOINETTE

Le poulmon.

ARGAN

Je sens parfois des lassitudes par tous les membres.

TOINETTE

Le poulmon.

ARGAN

Et quelquefois il me prend des douleurs dans le ventre, comme si c'estoit des coliques.

TOINETTE.

Le poulmon. Vous avez appétit à ce que vous mangez ?

ARGAN

Oüy, Monsieur.

TOINETTE

Le poulmon. Vous aimez à boire un peu de vin ?

ARGAN

Oüy, Monsieur.

TOINETTE

Le poulmon. Il vous prend un petit sommeil aprés le repas, et vous estes bien aise de dormir ?

ARGAN

Oüy, Monsieur.

TOINETTE

Le poulmon, le poulmon, vous dis-je. Que vous ordonne vostre Médecin pour vostre nourriture ?

ARGAN

Il m'ordonne du potage.

TOINETTE

Ignorant !

ARGAN

De la volaille.

TOINETTE

Ignorant !

ARGAN

Du veau.

TOINETTE

Ignorant !

ARGAN

Des boüillons.

TOINETTE

Ignorant !

ARGAN

Des œufs frais.

TOINETTE

Ignorant !

ARGAN

Et, le soir, de petits pruneaux pour lâcher le ventre.

TOINETTE

Ignorant !

ARGAN

Et sur tout de boire mon vin fort trempé.

TOINETTE

Ignorantus, ignoranta, ignorantum ! Il faut boire vostre vin pur ; et, pour épaissir vostre sang, qui est trop subtil, il faut manger de bon gros Bœuf, de bon gros Porc, de bon fromage de Hollande, du gruau et du ris, et des marons et des oublies, pour coler et conglutiner. Vostre Médecin est une beste. Je veux vous en envoyer un de ma main, et je viendray vous voir de temps en temps, tandis que je seray en cette Ville.

ARGAN

Vous m'obligerez beaucoup.

####### TOINETTE

Que diantre faites-vous de ce bras-là ?

####### ARGAN

Comment ?

####### TOINETTE

Voilà un bras que je me ferois couper tout à l'heure, si j'estois que de vous.

####### ARGAN

Et pourquoy ?

####### TOINETTE

Ne voyez-vous pas qu'il tire à soy toute la nourriture, et qu'il empesche ce costé-là de profiter ?

####### ARGAN

Oüy, mais j'ay besoin de mon bras.

####### TOINETTE

Vous avez là aussi un œil droit que je me ferois crever, si j'estois en vostre place.

####### ARGAN

Crever un œil ?

####### TOINETTE

Ne voyez-vous pas qu'il incommode l'autre et luy dérobe sa nourriture ? Croyez-moy, faites-vous-le crever au plûtost, vous en verrez plus clair de l'œil gauche.

ARGAN

Cela n'est pas pressé.

TOINETTE

Adieu. Je suis fâché de vous quitter si-tost, mais il faut que je me trouve à une grande Consultation qui se doit faire pour un homme qui mourut hier.

ARGAN

Pour un homme qui mourut hier ?

TOINETTE

Oüy, pour aviser et voir ce qu'il auroit falu luy faire pour le guerir. Jusqu'au revoir.

ARGAN

Vous sçavez que les malades ne reconduisent point.

BERALDE

Voilà un Médecin vrayment qui paroist fort habile.

ARGAN

Oüy, mais il va un peu bien viste.

BERALDE

Tous les grands Médecins sont comme cela.

ARGAN

Me couper un bras, et me crever un œil, afin que l'autre se porte mieux ! J'ayme bien mieux qu'il ne se porte pas si bien. La belle opération, de me rendre borgne et manchot!

SCÈNE XI

TOINETTE, ARGAN, BERALDE

TOINETTE

Allons, allons, je suis vostre servante. Je n'ay pas envie de rire.

ARGAN

Qu'est-ce que c'est?

TOINETTE

Vostre Médecin, ma foy, qui me vouloit tâter le poux.

ARGAN

Voyez un peu, à l'âge de quatre-vingt-dix ans!

BERALDE

Oh çà, mon Frère, puisque voilà vostre Monsieur Purgon broüillé avec vous, ne voulez-vous pas bien que je vous parle du party qui s'offre pour ma Niéce?

ARGAN

Non, mon Frère, je veux la mettre dans un Convent puis qu'elle s'est opposée à mes volontez. Je voy bien qu'il y a quelque amourette là-dessous, et j'ay découvert certaine entre-veuë secrette qu'on ne sçait pas que j'aye découverte.

BERALDE

Hé bien! mon Frère, quand il y auroit quelque petite inclination, cela seroit-il si criminel, et rien peut-il vous offencer, quand tout ne va qu'à des choses honnestes comme le Mariage?

ARGAN

Quoy qu'il en soit, mon Frère, elle sera Religieuse; c'est une chose résoluë.

BERALDE

Vous voulez faire plaisir à quelqu'un.

ARGAN

Je vous entends. Vous en revenez toûjours là, et ma femme vous tient au cœur.

BERALDE

Hé bien, oüy, mon Frère, puisqu'il faut parler à cœur ouvert, c'est vostre femme que je veux dire; et, non plus que l'entestement de la Médecine, je ne puis vous souffrir l'entestement où vous estes pour elle, et voir que vous donniez teste baissée dans tous les piéges qu'elle vous tend.

TOINETTE

Ah! Monsieur, ne parlez point de Madame; c'est une femme sur laquelle il n'y a rien à dire, une femme sans artifice, et qui ayme Monsieur, qui l'ayme!... On ne peut pas dire cela.

ARGAN

Demandez-luy un peu les caresses qu'elle me fait.

TOINETTE

Cela est vray.

ARGAN

L'inquietude que luy donne ma maladie.

TOINETTE

Assurément.

ARGAN

Et les soins et les peines qu'elle prend autour de moy.

TOINETTE

Il est certain. *(A Beralde.)* Voulez-vous que je vous convainque, et vous fasse voir tout à l'heure comme Madame ayme Monsieur? Monsieur, souffrez que je luy montre son bec jaune, et le tire d'erreur.

ARGAN

Comment?

TOINETTE

Madame s'en va revenir. Mettez-vous tout étendu dans cette chaise, et contrefaites le mort. Vous verrez la douleur où elle sera quand je luy diray la nouvelle.

ARGAN

Je le veux bien.

TOINETTE

Oüy, mais ne la laissez pas long-temps dans le désespoir, car elle en pourroit bien mourir.

ARGAN

Laisse-moy faire.

TOINETTE, *à Beralde.*

Cachez-vous, vous, dans ce coin-là.

ARGAN

N'y a-t-il point quelque danger à contrefaire le mort ?

TOINETTE

Non, non. Quel danger y auroit-il ? Etendez-vous là seulement. *(Bas.)* Il y aura plaisir à confondre vostre Frère. Voicy Madame. Tenez-vous bien !

SCÈNE XII

BELINE, TOINETTE, ARGAN, BERALDE

TOINETTE *s'écrie :*

Ah! mon Dieu! ah! mal-heur! quel étrange accident!

BELINE

Qu'est-ce, Toinette ?

TOINETTE

Ah! Madame!

BELINE

Qu'y a-t-il ?

TOINETTE

Vostre mary est mort.

BELINE

Mon mary est mort ?

TOINETTE

Hélas! oüy. Le pauvre défunt est trépassé.

BELINE

Assurément ?

TOINETTE

Assurément. Personne ne sçait encore cet accident-là, et je me suis trouvée icy toute seule. Il vient de passer entre mes bras. Tenez, le voilà tout de son long dans cette chaise.

BELINE

Le Ciel en soit loüé ! Me voilà délivrée d'un grand fardeau. Que tu es sotte, Toinette, de t'affliger de cette mort !

TOINETTE

Je pensois, Madame, qu'il falust pleurer.

BELINE

Va, va, cela n'en vaut pas la peine. Quelle perte est-ce que la sienne, et dequoy servoit-il sur la terre ? Un homme incommode à tout le monde, mal propre, dégoûtant, sans cesse un lavement ou une médecine dans le ventre, mouchant, toussant, crachant toûjours, sans esprit, ennuyeux, de mauvaise humeur, fatiguant sans cesse les gens, et grondant jour et nuit Servantes et Valets.

TOINETTE

Voilà une belle Oraison funebre.

BELINE

Il faut, Toinette, que tu m'aydes à exécuter mon dessein, et tu peux croire qu'en me servant ta récompense est seure. Puisque, par un bonheur, personne n'est encore averty de la chose, portons-le dans son lit, et tenons cette mort cachée jusqu'à ce que j'aye fait mon affaire. Il y a des papiers, il y a de l'argent, dont je me veux saisir, et il n'est pas juste que j'aye passé sans fruit auprés de luy mes plus belles années. Vien, Toinette; prenons auparavant toutes ses clefs.

ARGAN, *se levant brusquement*.

Doucement.

BELINE, *surprise et épouvantée*.

Ahy !

ARGAN

Oüy, Madame ma Femme, c'est ainsi que vous m'aimez ?

TOINETTE

Ah ! ah ! le défunt n'est pas mort.

ARGAN, *à Beline, qui sort*.

Je suis bièn aise de voir vostre amitié, et d'avoir entendu le beau Panégyrique que vous avez fait de moy. Voilà un avis au Lecteur qui me rendra sage à l'avenir, et qui m'empeschera de faire bien des choses.

BERALDE, *sortant de l'endroit où il estoit caché*.

Hé bien, mon Frère, vous le voyez.

TOINETTE

Par ma foy, je n'aurois jamais creu cela. Mais j'entens vostre fille; remettez-vous comme vous estiez, et voyons de quelle manière elle recevra vostre mort.

C'est une chose qu'il n'est pas mauvais d'éprouver ; et, puisque vous estes en train, vous connoistrez par là les sentimens que vostre famille a pour vous.

SCÈNE XIII

ANGÉLIQUE, ARGAN, TOINETTE, BERALDE

TOINETTE *s'écrie :*

O Ciel! ah! fâcheuse avanture! mal-heureuse journée!

ANGÉLIQUE

Qu'as-tu, Toinette, et dequoy pleures-tu ?

TOINETTE

Hélas! j'ay de tristes nouvelles à vous donner.

ANGÉLIQUE

Hé! quoy ?

TOINETTE

Vostre Père est mort.

ANGÉLIQUE

Mon Père est mort, Toinette ?

TOINETTE

Oüy, vous le voyez là. Il vient de mourir tout à l'heure d'une foiblesse qui luy a prise.

ANGÉLIQUE

O Ciel! quelle infortune! quelle atteinte cruelle! Hélas! faut-il que je perde mon Père, la seule chose qui me restoit au monde, et qu'encore, pour un surcroist de désespoir, je le perde dans un moment où il estoit irrité contre moy! Que deviendray-je, malheureuse, et quelle consolation trouver aprés une si grande perte?

SCÈNE XIV ET DERNIÈRE
CLÉANTE, ANGÉLIQUE, ARGAN, TOINETTE, BERALDE

CLÉANTE

Qu'avez-vous donc, belle Angélique? et quel malheur pleurez-vous?

ANGÉLIQUE

Helas! je pleure tout ce que dans la vie je pouvois perdre de plus cher et de plus précieux. Je pleure la mort de mon Père.

CLÉANTE

O Ciel! quel accident! quel coup inopiné! Hélas! aprés la demande que j'avois conjuré vostre Oncle de luy faire pour moy, je venois me presenter à luy, et tâcher, par mes respects et par mes prières, de disposer son cœur à vous accorder à mes vœux.

ANGÉLIQUE

Ah! Cléante, ne parlons plus de rien. Laissons là toutes les pensées du Mariage. Aprés la perte de mon Père, je ne veux plus estre du monde, et j'y renonce pour jamais. Oüy, mon Père, si j'ay resisté tantost à vos volontez, je veux suivre du moins une de vos intentions, et réparer par là le chagrin que je m'accuse de vous avoir donné. Souffrez, mon Père, que je vous en donne icy ma parole et que je vous embrasse pour vous témoigner mon ressentiment.

ARGAN *se léve.*

Ah! ma Fille!

ANGÉLIQUE, *épouvantée.*

Ahy!

ARGAN

Vien. N'aye point de peur, je ne suis pas mort. Va, tu es mon vray sang, ma véritable Fille, et je suis ravy d'avoir veu ton bon naturel.

ANGÉLIQUE

Ah! quelle surprise agréable, mon Père! Puisque, par un bon-heur extrême, le Ciel vous redonne à mes vœux, souffrez qu'icy je me jette à vos pieds pour vous supplier d'une chose. Si vous n'estes pas favorable au panchant de mon cœur, si vous me refusez Cléante pour époux, je vous conjure, au moins, de ne me point forcer d'en épouser un autre. C'est toute la grace que je vous demande.

CLÉANTE *se jette à genoux.*

Eh ! Monsieur, laissez-vous toucher à ses prières et aux miennes, et ne vous montrez point contraire aux mutuels empressemens d'une si belle inclination.

BERALDE

Mon Frère, pouvez-vous tenir là-contre ?

TOINETTE

Monsieur, serez-vous insensible à tant d'amour ?

ARGAN

Qu'il se fasse Médecin, je consens au Mariage. Oüy, faites-vous Médecin, je vous donne ma Fille.

CLÉANTE

Très-volontiers, Monsieur ; s'il ne tient qu'à cela pour estre vostre gendre, je me feray Médecin, Apothiquaire mesmes, si vous voulez. Ce n'est pas une affaire que cela, et je ferois bien d'autres choses pour obtenir la belle Angélique.

BERALDE

Mais, mon Frère, il me vient une pensée. Faites-vous Médecin vous-mesme. La commodité sera encore plus grande, d'avoir en vous tout ce qu'il vous faut.

TOINETTE

Cela est vray. Voila le vray moyen de vous guérir bien-tost; et il n'y a point de maladie si osée que de se joüer à la personne d'un Médecin.

ARGAN

Je pense, mon Frère, que vous vous mocquez de moy. Est-ce que je suis en âge d'étudier ?

BERALDE

Bon, étudier! Vous estes assez sçavant; et il y en a beaucoup parmy eux qui ne sont pas plus habiles que vous.

ARGAN

Mais il faut sçavoir bien parler Latin, connoistre les maladies, et les remèdes qu'il y faut faire.

BERALDE

En recevant la robe et le bonnet de Médecin, vous apprendrez tout cela, et vous serez aprés plus habile que vous ne voudrez.

ARGAN

Quoy! l'on sçait discourir sur les maladies quand on a cet habit-là ?

BERALDE

Oüy. L'on n'a qu'à parler; avec une robe et un bonnet, tout galimatias devient sçavant, et toute sottise devient raison.

TOINETTE

Tenez, Monsieur, quand il n'y auroit que vostre barbe, c'est déjà beaucoup, et la barbe fait plus de la moitié d'un Médecin.

CLÉANTE

En tout cas, je suis prest à tout.

BERALDE

Voulez-vous que l'affaire se fasse tout à l'heure ?

ARGAN

Comment, tout à l'heure ?

BERALDE

Oüy, et dans vostre maison ?

ARGAN

Dans ma maison ?

BERALDE

Oüy. Je connois une Faculté de mes amies qui viendra tout à l'heure en faire la cérémonie dans vostre sale. Cela ne vous coûtera rien.

ARGAN

Mais moy, que dire ? que répondre ?

BERALDE

On vous instruira en deux mots, et l'on vous donnera par écrit ce que vous devez dire. Allez-vous-en vous mettre en habit décent, je vay les envoyer quérir.

ARGAN

Allons, voyons cela.

CLÉANTE

Que voulez-vous dire, et qu'entendez-vous avec cette Faculté de vos amies ?

TOINETTE

Quel est donc vostre dessein ?

BERALDE

De nous divertir un peu ce soir. Les Comédiens ont fait un petit Intermède de la réception d'un Médecin, avec des danses et de la Musique ; je veux que nous en prenions ensemble le divertissement, et que mon Frère y fasse le premier Personnage.

ANGÉLIQUE

Mais, mon Oncle, il me semble que vous vous joüez un peu beaucoup de mon Père.

BERALDE

Mais, ma Niéce, ce n'est pas tant le joüer que s'accommoder à ses fantaisies. Tout cecy n'est qu'entre nous. Nous y pouvons aussi prendre chacun un Personnage, et nous donner ainsi la Comédie les uns aux autres. Le Carnaval authorise cela. Allons viste préparer toutes choses.

CLÉANTE, *à Angélique*.

Y consentez-vous ?

ANGÉLIQUE

Oüy, puisque mon Oncle nous conduit.

TROISIÈME INTERMÈDE

C'est une Cérémonie Burlesque d'un homme qu'on fait Médecin, en Récit, Chant et Dance.

ENTRÉE DE BALLET

Plusieurs Tapissiers viennent preparer la Salle et placer les bancs en cadence. Ensuite dequoy toute l'assemblée, composée de huit Porte-Seringues, six Apotiquaires, vingt-deux Docteurs, celuy qui se fait recevoir Médecin, huit Chirurgiens dançans et deux chantans, chacun entre et prend ses places selon les rangs.

PRÆSES

Sçavantissimi Doctores,
Medicinæ professores,
Qui hic assemblati estis,
Et vos, altri Messiores,
Sententiarum Facultatis
Fideles executores,

Chirurgiani et Apothicari,
Atque tota Compania aussi,
Salus, honor et argentum,
Atque bonum appetitum.

Non possum, Docti confrèri,
En moy satis admirari
Qualis bona inventio
Est medici professio;
Quam bella chosa est et bene trouvata,
Medicina illa benedicta,
Quæ, suo nomine solo,
Surprenanti miraculo,
Depuis si longo tempore,
Facit à gogo vivere
Tant de gens omni genere.

Per totam terram videmus
Grandam vogam ubi sumus,
Et quod grandes et petiti
Sunt de nobis infatuti :
Totus mundus, currens ad nostros remedios,
Nos regardat sicut Deos,
Et nostris Ordonnanciis
Principes et Reges soumissos videtis.

Donque il est nostræ sapientiæ,
Boni sensus atque prudentiæ,
De fortement travaillare
A nos bene conservare
In tali credito, voga et honore,
Et prandere gardam à non recevere
In nostro docto corpore
Quam personas capabiles,
Et totas dignas ramplire
Has plaças honorabiles.

C'est pour cela que nunc convocati estis,
Et credo quod trovabitis
Dignam matieram medici
In sçavanti homine que voicy,
Lequel, in chosis omnibus,
Dono ad interrogandum
Et à fond examinandum
Vostris capacitatibus.

PRIMUS DOCTOR

Si mihi licenciam dat Dominus Præses,
Et tanti docti Doctores,
Et assistantes illustres,
Tres-sçavanti Bacheliero,

Quem estimo et honoro,
Domandabo causam et rationem quare
Opium facit dormire.

BACHELIERUS

Mihi à docto Doctore
Domandatur causam et rationem quare
Opium facit dormire?
A quoy respondeo :
Quia est in eo
Virtus dormitiva,
Cujus est natura
Sensus assoupire.

CHORUS

Bene, bene, bene, bene respondere :
Dignus, dignus est entrare
In nostro docto corpore.

SECUNDUS DOCTOR

Cum permissione Domini Præsidis,
Doctissimæ Facultatis,
Et totius his nostris actis
Companiæ assistantis,
Domandabo tibi, docte Bacheliere,

Quæ sunt remedia,
Quæ in maladia
Ditte hidropisia
Convenit facere.

BACHELIERUS

Clisterium donare,
Postea segnare,
Ensuitta purgare.

CHORUS

Bene, bene, bene, bene respondere :
Dignus, dignus est entrare
In nostro docto corpore.

TERTIUS DOCTOR

Si bonum semblatur Domino Præsidi,
Doctissimæ Facultati
Et Companiæ præsenti,
Domandabo tibi, docte Bacheliere,
Quæ remedia Eticis,
Pulmonicis atque Asmaticis,
Trovas à propos facere.

BACHELIERUS

Clisterium donare,
Postea segnare
Ensuitta purgare.

CHORUS

Bene, bene, bene, bene respondere :
Dignus, dignus est entrare
In nostro docto corpore.

QUARTUS DOCTOR

Super illas maladias,
Doctus Bachelierus dixit maravillas,
Mais, si non ennuyo Dominum Præsidem,
Doctissimam Facultatem,
Et totam honorabilem
Companiam écoutantem,
Faciam illi unam questionem :
De hiero maladus unus
Tombavit in meas manus ;
Habet grandam fiévram cum redoublamentis,
Grandam dolorem capitis,
Et grandum malum au costé,
Cum granda difficultate
Et pena de respirare :
Veillas mihi dire,
Docté Bacheliere,
Quid illi facere.

BACHELIERUS

Clisterium donare,

Postea segnare,
Ensuitta purgare.

QUINTUS DOCTOR

Mais, si maladia,
Opiniatria,
Non vult se garire,
Quid illi facere ?

BACHELIERUS

Clisterium donare,
Postea segnare,
Ensuitta purgare.

CHORUS

Bene, bene, bene, bene respondere :
Dignus, dignus est entrare
In nostro docto corpore.

PRÆSES

Juras gardare statuta
Per Facultatem præscripta,
Cum sensu et jugeamento ?

BACHELIERUS

Juro.

PRÆSES

Essere in omnibus
Consultationibus

Ancieni aviso,
Aut bono,
Aut mauvaiso ?

BACHELIERUS

Juro.

PRÆSES

De non jamais te servire
De remediis aucunis,
Quam de ceux seulement doctæ Facultatis ;
Maladus deust-il crevare
Et mori de suo malo ?

BACHELIERUS

Juro.

PRÆSES

Ego, cum isto boneto
Venerabili et docto,
Dono tibi et concedo
Virtutem et puissanciam
  Medicandi,
  Purgandi,
  Segnandi,
  Perçandi,
  Taillandi,
  Coupandi,

Et occidendi
Impune per totam terram.

ENTRÉE DE BALLET

Tous les Chirurgiens et Apotiquaires viennent luy faire la révérence en cadence.

BACHELIERUS

Grandes Doctores doctrinæ,
De la Rhubarbe et du Sené,
Ce seroit sans douta à moy chosa folla,
Inepta et ridicula,
Si j'alloibam m'engageare
Vobis loüangeas donare,
Et entreprenoibam adjoûtare
Des lumieras au Soleillo
Et des étoilas au Cielo,
Des Ondas à l'Oceano
Et des Rosas au Printanno ;
Agreate qu'avec uno moto,
Pro toto remercimento,

Randam gratiam corpori tam docto.
Vobis, vobis debeo
Bien plus qu'à naturæ et qu'à patri meo :
Natura et pater meus
Hominem me habent factum;
Mais vos me, ce qui est bien plus,
Avetis factum Medicum,
Honor, favor, et gratia,
Qui in hoc corde que voila,
Imprimant ressentimenta
Qui dureront in secula.

CHORUS

Vivat, vivat, vivat, vivat, cent fois vivat,
Novus doctor, qui tam bene parlat,
Mille, mille annis, et manget, et bibat,
Et segnet, et tuat !

. ENTRÉE DE BALLET

Tous les Chirurgiens et les Apotiquaires dançent au son des Instrumens et des Voix, et des battemens de mains, et des Mortiers d'Apotiquaires.

CHIRURGUS

Puisse-t-il voir doctas
Suas ordonnancias
Omnium Chirurgorum
Et Apothiquarum
Remplire boutiquas!

CHORUS

Vivat, vivat, vivat, vivat, cent fois vivat,
Novus doctor, qui tam bene parlat!
Mille, mille annis, et manget, et bibat,
Et segnet, et tuat!

CHIRURGUS

Puisse toti anni
Luy essere boni
Et favorabiles,
Et n'habere jamais
Quam pestas, verolas,
Fievras, pluresias,
Fluxus de sang et dissenterias.

CHORUS

Vivat, vivat, vivat, vivat, cent fois vivat,
Novus doctor, qui tam bene parlat!
Mille, mille annis, et manget, et bibat,
Et segnet, et tuat!

DERNIÈRE ENTRÉE DE BALLET

LE MALADE IMAGINAIRE

EXPLICATION DES PLANCHES

Notice. — En-tête. Bande ornementale. Au milieu, dans un écusson, une seringue et une marotte entourées de rubans.

— Lettre L. Argan, appuyé au montant de la lettre, tourne le dos à M. Fleurant qui s'approche, la seringue en main.

— Cul-de-lampe. Sur une plate-forme surmontant des rinceaux, un singe, assis dans un fauteuil en tenue de malade, écoute les dissertations d'un autre singe, vêtu en médecin.

Faux titre. — *Le Malade Imaginaire, comédie.* Dans la partie supérieure de l'encadrement, sur une table, un bonnet de docteur, des lunettes, une thèse, une cornue, un pot à rhubarbe, une seringue, un mortier, des bouteilles et divers autres ustensiles de pharmacie. Dans la partie inférieure, une seringue parmi des rinceaux.

Grand titre. — Dans le haut de l'encadrement, un singe se tient debout, vêtu en médecin, et portant d'une main son privilège royal, de l'autre une faux, attribut de la mort. Dans le bas, une seringue ornée de faveurs et posée sur un coussin. Aux deux coins de la partie inférieure, deux médecins tenant chacun, en manière de masse d'armes, une seringue au haut d'un bâton. L'encadrement est parsemé d'instruments de médecine et de chirurgie.

Grande planche. — Acte II, scène vi. Argan, assis dans son fauteuil, contemple avec vénération M. Dyafoirus et son fils, tous deux vêtus en médecins et la tête couverte du bonnet doctoral. Angélique est assise de l'autre côté de la table. Toinette et Cléante se tiennent debout derrière Angélique et Argan.

Cadre pour les noms des acteurs. — Dans l'encadrement, neuf médaillons où sont figurés les principaux personnages de la comédie. Au bas, le buste d'Esculape, dieu de la médecine, avec un serpent s'enroulant sur le socle.

Prologue. — En-tête. « Églogue en musique et en dance. »

— Lettre A. Un zéphir s'envole, portant dans une main l'écusson de Louis XIV, de l'autre main tenant la trompette de la Renommée.

— Cul-de-lampe. Danse de bergères et de faunes.

Acte I. — En-tête. Scène ii. Toinette se moque du malade imaginaire qui, se soulevant de son fauteuil, lui demande « si son lavement a bien opéré ».

— Lettre T. Scène i. Assis dans un fauteuil, Argan, après avoir revu les comptes de son apothicaire, sonne Toinette et s'exaspère de ne pas la voir arriver.

— Cul-de-lampe. Scène vii. Indignée de l'empressement hypocrite de Béline auprès d'Argan, Toinette appuie rudement un oreiller sur la tête du malade imaginaire, qui, oubliant sa maladie, se débat de toutes ses forces.

Premier intermède. — En-tête. Bande ornementale formée de rinceaux.

Au milieu, dans un écusson, Polichinelle chante, s'accompagnant sur une guitare.

— Cul-de-lampe. Scène VIII. Polichinelle est roué de coups par une troupe d'archers.

Acte II. — En-tête. Scène VI. Monsieur Dyafoirus présente son fils à Argan, qui, pour les recevoir, s'est levé de son fauteuil. Toinette offre des sièges aux savants visiteurs, tandis que dans le fond Angélique et Cléante assistent à la scène sans y prendre part.

— Lettre Q. Scène I. Toinette ouvre la porte à Cléante, qui s'est déguisé en maître de musique, et que d'abord elle ne reconnaît pas.

— Cul-de-lampe. Scène XI. La petite Louison, qui a tout avoué à son père de ce qu'elle savait des amours de sa sœur, et à qui Argan demande d'autres détails encore, lui affirmant que son petit doigt lui apprend qu'elle lui cache quelque chose, répond ingénument : « Ah! mon papa, votre petit doigt est un menteur! »

Deuxième intermède. — En-tête. Bande ornementale. Au centre, dans un médaillon, une mandoline, un tambour de basque et d'autres instruments de musique.

— Cul-de-lampe. « Deux Egyptiens et deux Egyptiennes, vêtus en Mores, font des danses entremêlées de chansons. »

Acte III. — En-tête. Scène IV. L'apothicaire M. Fleurant, venu pour donner un lavement à Argan, et indigné de ce que celui-ci, sur le conseil de Béralde, ait ajourné de le prendre, s'en va en le menaçant de la colère de M. Purgon. Dans l'encadrement, un pot de tisane et un mortier avec un pilon.

— Lettre H. Scène I. Toinette, pour se moquer du malade imaginaire, lui présente son bâton, lui rappelant qu'il ne saurait marcher sans s'y appuyer.

— Cul-de-lampe. Scène XXI. Angélique se désole aux genoux d'Argan, qu'elle croit mort. Cléante, qui entre, la voit toute à sa douleur. De l'autre côté de la table, Toinette, debout, assiste à la scène avec attendrissement.

Troisième intermède. — En-tête. Bande ornementale. Au centre, Argan coiffé du bonnet de docteur, dans une auréole de gloire.

— Cul-de-lampe. La cérémonie. Les docteurs entourent Argan, déclaré digne d'entrer dans leur confrérie, et lui présentent solennellement une seringue d'honneur.

Achevé d'imprimer a Évreux
Par Charles Hérissey
Le quatorze Aout Mil huit cent quatre-vingt-seize

Pour le compte
de la Société du *Molière Illustré*

www.ingramcontent.com/pod-product-compliance
Lightning Source LLC
Chambersburg PA
CBHW062000180426
43198CB00036B/1902